预期投资

未来投资机会分析与估值方法

EXPECTATIONS INVESTING

Reading Stock Prices for Better Returns,
Revised and Updated

[美] 迈克尔·J. 莫布森　艾尔弗雷德·拉帕波特　著　　王春年 刘寅龙　译
MICHAEL J. MAUBOUSSIN　　ALFRED RAPPAPORT

机械工业出版社
CHINA MACHINE PRESS

图书在版编目（CIP）数据

预期投资：未来投资机会分析与估值方法 /（美）迈克尔·J. 莫布森等著；王春年，刘寅龙译 . —北京：机械工业出版社，2022.9

书名原文：Expectations Investing：Reading Stock Prices for Better Returns, Revised and Updated

ISBN 978-7-111-71784-3

I. ①预… II. ①迈… ②王… ③刘… III. ①股票投资 IV. ① F830.91

中国版本图书馆 CIP 数据核字（2022）第 187308 号

北京市版权局著作权合同登记 图字：01-2022-1969 号。

预期投资：未来投资机会分析与估值方法

出版发行：机械工业出版社（北京市西城区百万庄大街 22 号 邮政编码：100037）

策划编辑：杨熙越   责任编辑：杨熙越

责任校对：丁梦卓 张 征   责任印制：张 博

版 次：2023 年 4 月第 1 版第 1 次印刷   印 刷：保定市中画美凯印刷有限公司

开 本：170mm×230mm 1/16   印 张：15.75

书 号：ISBN 978-7-111-71784-3   定 价：79.00 元

客服电话：（010）88361066   版权所有 · 侵权必究
　　　　　（010）68326294   封底无防伪标均为盗版

在阅读本书的最新版本时，我发现，有一点是显而易见的：艾尔弗雷德和迈克尔为我们创作的这本书，既把握经典，又与时俱进，而且更多关注到市场颠覆以及被其创造或破坏的价值，还提及大量层出不穷的新型用户/订户平台，这些平台既为投资者创造了收益机会，也为他们提供了更多投资选项。

——摘自埃斯瓦斯·达莫达兰为本书撰写的推荐序

在新版《预期投资：未来投资机会分析与估值方法》中，迈克尔·J.莫布森和艾尔弗雷德·拉帕波特开创性地将投资分解为若干要素，通过对投资的若干要素进行分析，向我们解释了造就卓越公司和有吸引力的股票的真谛。这并不是说，它们会让投资变得易如反掌，而是为我们提供了更高层级的投资思维：可以当作研究生课程的理性投资。

——霍华德·马克斯（Howard Marks），橡树资本管理公司
（Oaktree Capital Management）联合创始人兼联席董事会主席，
畅销书《投资最重要的事：顶尖价值投资者的忠告》（*The Most Important Thing Illuminated*）和《周期：投资机会、风险、态度与市场周期》（*Mastering the Market Cycle*）的作者

莫布森和拉帕波特的公司估值方法在今天看来依旧不乏智慧。无论是在公开还是非公开市场上，认识预期、评估竞争战略、理解可选性以及对现金流的高度关注，都会让我们成为更有效的投资者。

——比尔·戈尔雷（Bill Gurley），

基准基金（Benchmark Capital）普通合伙人

在《预期投资：未来投资机会分析与估值方法》一书中，迈克尔·J.莫布森和艾尔弗雷德·拉帕波特为我们提供了一种内涵简洁却蕴意深远的思维：公司的股票价格中嵌入了市场的预期。随后，他们又为投资者提供了一种严格的分析策略，确定价格现实与价格潜能之间的差距。毋庸置疑，本书应该成为所有投资者手中的决策指南。

——安妮·杜克（Annie Duke），著有《对赌：信息不足时如何

做出高明决策》（*Thinking in Bets*）和

How to Decide

这是为数不多能让我感到意外的投资作品之一，它甚至改变了我对投资的看法。

——摩根·豪泽尔（Morgan Housel），合作基金（The

Collaborative Fund）合伙人，著有《金钱心理学：关于财富、

贪婪和幸福的永恒教诲》（*The Psychology of Money*：*Timeless*

Lessons on Wealth，*Greed*，*and Happiness*）

《预期投资：未来投资机会分析与估值方法》是最早激发我对投资产生兴趣的启蒙书籍之一。它的核心思想与其他任何投资理念一样强大，两位作者以一种令人震撼的方式阐述了一种全新的投资思维。经过深度更新

的这部经典巨作，无疑是所有投资者的必读图书。

> ——帕特里克·奥肖内西（Patrick O'Shaughnessy），特许
> 金融分析师，奥肖内西资产管理公司（O'Shaughnessy Asset
> Management）首席执行官，著有《从零开始稳稳赚：如何成为一
> 个有钱有闲的年轻人》（*Millennial Money：How Young Investors
> can Build a Fortune*）

在这本书中，莫布森和拉帕波特告诉读者，如何以逆向于传统投资理念的方式获得投资优势。在分析价格在未来将如何变化之前，首先评估当前股价隐含的市场预期。这种方法恰恰是查理·芒格投资策略的反演。因为我们可以把安全边际重述为预期价值的折扣，因此，了解这个过程会让我们受益无穷。

> ——特兰·格里芬（Tren Griffin），著有《查理·芒格的原则：
> 关于投资与人生的智慧箴言》（*Charlie Munger：The Complete
> Investor*）和*A Dozen Lessons for Entrepreneurs*

这本书很特别：它首先是一部经典作品……但又着眼当下，与时俱进。如果读者对投资领域有所耳闻，那么，我觉得根本没必要介绍迈克尔·J.莫布森和艾尔弗雷德·拉帕波特。他们是投资研究领域的顶梁柱。莫布森先生以其超一流的研究和渊博的知识成为大师级研究人士。而拉帕波特则是凯洛格管理学院的名誉教授，同样是备受推崇的市场研究大师。大多数金融教科书都有三个共同点——冗长、乏味且价格不菲，但这些显然不属于本书。《预期投资：未来投资机会分析与估值方法》是投资智慧的精华版。

> ——布赖恩·兰吉斯（Brian Langis）的博客

有些观点或许能量无穷，而且似乎尽人皆知，以至于我们在第一次听到或看到时，总会情不自禁地说：我怎么没有想到呢？这就是我在20年前第一次看到《预期投资：未来投资机会分析与估值方法》这本书时的反应。我对这两位作者可谓了如指掌，艾尔弗雷德在股东价值、会计基础以及投资价值等领域的作品早已让我受益匪浅，而迈克尔将心理学、统计学和社会常识融为一体，并以全新视角揭秘市场新洞见的诸多研究报告，更是让我获益良多。

对长期从事估值行业的专业人士而言，本书将为他们重新诠释公司价值的内涵：从既定的基本面元素出发，对企业进行估值，然后再从市场价格要素出发，解读基本面的状态，从而对价值体系进行全方位再现。尽管两种方法在数学表达方式上几乎不存在任何区别，但这种双向式重构无疑将有助于我们完成两项使命。首先，夯实基本面与公司价值之间的关联，即把市场为公司支付的价格与公司经营成功的必要元素联系起来，从而对市场价格的合理性做出验证，为投资者基于估值采取行动提供依据。其次，它推动市场估值最终回归基本面，因为艾尔弗雷德和迈克尔的简约化模型告诉我们，真正驱动价值创造的要素屈指可数。

在阅读本书的最新版本时，我发现有一点是显而易见的：艾尔弗雷德和迈克尔为我们创作的这本书，既把握经典，又与时俱进，而且更多关注到市场颠覆以及被其创造或破坏的价值，还提及大量层出不穷的新型用户/订户平台，这些平台既为投资者创造了收益机会，也为他们提供了更多投资选项。对投资者和分析师而言，从超越贴现现金流估值法的角度研究实物期权，显然是他们必读的章节，因为它提供的，不只是一种可用于提升内在价值的工具，也是一种切实可行的实务操作方式。一方面，达美乐比萨案例为我们完美诠释了预期投资之于传统价值体系的重要作用；另一方面，实物期权章节的电商平台Shopify案例则表明，如果深入思考高科技公司的估值方式，那么整个游戏规则或将被改变。

我还注意到，本书之前曾得到彼得·伯恩斯坦（Peter Bernstein）的推荐，在我看来，伯恩斯坦的投资理念及其创作代表了过去几十年的最高水平。我当然无法与彼得·伯恩斯坦相提并论，但我对一点笃信不疑：如果他还活着，他就能写出更有激情、更有启发力的推荐序。

埃斯瓦斯·达莫达兰（Aswath Damodaran）

　　股票价格代表了市场对公司未来业绩预期的最终反映，因而也是最有价值的信息。如果投资者能合理解读市场预期，并据此预测市场发展前景，那么，他们获得超额投资收益的概率将会大大增加。很多投资者认为，他们在做出投资决策时就已经考虑到预期，但是在现实中，却鲜有人会始终以严谨、积极的方式去思考这个问题。

　　预期投资的基本原理与我们在20年前就提倡的并无区别。但毕竟环境和形势已大有不同，因此，这让预期投资过程比以往任何时候都更有意义。当下，我们必须面对诸多方面的重大变迁。

- **从主动型投资转向被动型投资**。自世纪之交以来，投资者已向传统指数基金和交易所交易基金（ETF）注入数万亿美元新资金，从主动管理基金中撤出的资金也超过万亿美元。追踪美国股市指数的指数基金和ETF规模目前已超过纯股票投资基金。即便是主动型基金经理，也必须接受现有的最佳投资工具。我们相信，预期投资将为投资者提供一条通往超额收益的合理路径。

- **无形投资的兴起**。早在20世纪90年代初，美国的无形投资规模首次超过有形投资。而今天，这一趋势仍在延续，如今，公司对无形资产的投资已远远超过对有形资产的投资。这一点至关重要，因为无形投资往往以费用的形式出现在利润表中，而有形投资则被视为资产负债表中的资产。因此，投资者必须合理区分支撑企业存续所必需的费用以及追求未来成长所要求的投资。要了解一家公司的投资到底有多少，以及这些投资是否能创造价值，也是预测市场预期修正的基本前提。此外，学术界早已指出，与过去相比，无形资产的兴起已让每股收益不再是衡量公司业绩的理想指标。

- **从公募股权转向私募股权。** 与 2001 年相比，目前在美国公开上市的公司数量已减少 1/3 左右。与此同时，风险投资和并购业务蓬勃发展。在这种情况下，无论是在公募市场还是在私募市场上，投资者都可以利用预期投资法寻找更有吸引力的投资机会。

- **会计准则的变化。** 20 世纪 90 年代，基于股权激励的薪酬（SBC）主要是指未在利润表中列支的员工股票期权。而在今天，SBC 主要体现为费用化的限制性股权。这种薪酬在形式和计算方法上都发生了变化。此外，针对合并与收购的会计准则也在 2001 年进行了修正，终结了股权联合法，并取消了对商誉按期摊销的处理方法。预期投资跟踪的是现金流，而非收益，这就实现了不同公司以及不同会计期间的可比性。

　　大多数投资者都认识到，为投资交易决策提供依据的股票估值依赖于对公司未来财务业绩的预期。同样，公司高管通常也需要对公司未来3～5年的销售收入、营业利润和资本需求做出预测。

　　基于预期投资原则，投资者和公司高管将以更系统、更稳健的方式对个人预期与市场预期进行比较。

　　通过本书，基金经理、证券分析师、投资顾问、个人投资者和商学院学生将有机会深入了解预期投资原理及其实务操作价值。当然，预期投资在企业层面同样引发了一轮热潮。投资者可以利用预期投资法指导投资决策，同样，公司高管也可以根据这种方法采取合理措施，把握预期不匹配带来的市场机遇。

在本书的第一章里，我们将阐述预期投资法的背景和基本原理，与此同时，也对短期收益和市盈率的传统分析方法进行了剖析，对它们为何无法把握合理预期做出了解释。在本书第一部分的"工具箱"，我们介绍了执行预期投资法所需要的工具。第二章指出，股票市场预期的基础在于公司的长期现金流，并以示例说明如何使用该模型估算股东价值。第三章的主题是预期架构，这种强大的分析工具有助于投资者识别预期修正的潜在来源。第四章的主题是竞争战略模型，利用该模型，我们可以提高正确预测预期变化的概率。

第二部分"预期投资法的实施"的主题是上述观点诉诸实践的方法和过程。其中，第五章、第六章和第七章分别介绍实施预期投资过程的三个基本步骤，它们也是本书的核心。第五章描述了实施过程的第一个步骤，即估算证明公司股价合理性的市场预期。在这个步骤中，投资者可以充分发挥贴现现金流模型的威力，而无须面对长期预测的负担。第六章结合前几章介绍的分析工具，识别针对当前预期可能需要进行的修正，这些修正也是投资机会的前提。第七章是实施预期投资过程的最后一步，它将为买入、卖出抑或持有股票决策提供参考依据。预期投资过程的三个步骤也是我们分析大多数公司股票的基本流程。

无论是初创公司还是成熟企业，所有正在经历巨变的公司都需要更多的分析，毕竟，对它们而言，仅凭现有业务创造的现金流尚不足以证明股价的合理性。因此，在第八章中，我们介绍了实物期权法的概念，评价这些公司因未来不确定性而衍生的潜在价值。在第九章，我们把企业划分为实体型、服务型或知识业务型三个类别。虽然各类别企业有不同特征，但我们会看到，预期投资法适用于经济领域中的所有类型的企业。

最后，在第三部分"解读公司信号，发掘投资机会"，我们将探讨并购（M&A）、股票回购以及为投资者提供重要信号的其他公司行为或事件。第十章的主题是如何通过非收益指标和关注价值对并购交易进行判断，并探讨管理层选择的交易方式给投资前景造成的影响。第十一章介绍了经常招致误解的股票回购计划，并提出评估股票回购的黄金法则。在第十二章中，我们将利用预期投资法的实战经验，探讨如何识别预期修正的机会。

| 致 谢 |

感谢摩根士丹利旗下投资管理团队、全球对位咨询公司在整个项目中提供的资源和鼓励。在这里，我们尤其感谢该团队的Dennis Lynch和Kristian Heugh；Thomas Kamei对本书的案例研究提出了宝贵意见，Nate Gentile在实习期间对达美乐比萨案例研究进行了非常有价值的战略及财务分析。

来自全球对位咨询公司的另一位同事Dan Callahan，在财务分析、图形和表格绘制及深度编辑等方面为本书做出了贡献。他的协作精神、敏捷快速的反应能力以及勤奋工作的态度，让我们备受鼓舞——感谢他为本书的付出。

Tren Griffin阅读了本书的初稿，并鼓励我们在细节上字斟句酌，锐意求新。

作为一位在西北大学凯洛格管理学院拥有28年教龄的员工，拉帕波特感谢这个充满探索精神的学术环境，这里给他带来了无数灵感与启迪。当然，这里不能不提到他和Carl M. Noble Jr.共同创建的艾尔卡尔集团公司（Alcar Group，Inc.），正是通过这家公司，他学会了如何把股东价值从理论提升到组织现实层面。

自1993年以来，莫布森一直担任哥伦比亚商学院的兼职教授，因此，他要感谢该学院教职员工及管理人员长期以来的支持，尤其是Heilbrunn Center for Graham & Dodd Investing以及多年来众多优秀学员的支持。本书新版中的很多修订来自他们的互动和启发。

在本书首次出版后的20年里，我们鲜有机会去尝试更新书中的内容。虽然我们在此期间合作过很多项目，但编写本书新版这项任务显然比当初创作的初版更有趣。创作这本书本身就是一次探索与发现之旅。因此，我们真诚感谢这次旅行和学习带来的机会。

我们还要感谢哥伦比亚商学院的出版团队，尤其是负责本书出版事务的Myles Thompson，他自始至终对这本书充满期待与热忱。助理编辑Brian Smith在整个出版过程中给予我们坚定、有效的指导。全球知识出版公司（KnowledgeWorks Global）的Ben Kolstad不仅是一位能力出众的编辑，更是一位出版制作领域杰出的合作伙伴。

多年来，我们从埃斯瓦斯·达莫达兰的作品中认识并学到很多东西，而且很高兴他同意为本版贡献推荐序。

最后，我们还要感谢家人一如既往的支持。艾尔弗雷德要感谢他的妻子莎伦、两个儿子诺特和米奇以及孙女伊拉娜和孙子麦克。迈克尔要借此机会感谢他的妻子米切尔、岳母安德里·马罗妮·莎拉和令人欣慰的孩子们——安德鲁、亚历克斯、麦德林、伊莎贝拉和帕特里克。

| 目 录 |

| 第二部分 |　**预期投资法的实施**

| 第三部分 | **解读公司信号，发掘投资机会**

第一章

预期投资基础理论

股价是市场对公司未来财务业绩预期发出的最清晰、最可靠的信号。成功投资的关键，就是合理估计隐含在当前股价中的预期业绩水平，然后，据此评估市场修正这个预期的可能性。大多数投资者都接受这种观点，但很少有人能正确执行这个过程。

翻阅 CNBC（消费者新闻与商业频道）或其他权威财经杂志，我们都会看到似曾相识的故事。成长型基金经理会这样解释：他寻找的目标是管理良好、盈利增长迅速和市盈率合理的公司。而价值型基金经理则会大谈特谈以低市盈率买入优质公司股票的好处。这已经成为投资圈内的家常便饭。

但是，我们不妨仔细思考这些投资者的真实想法。在成长型基金经理买入股票时，他的真实想法可能是，股票市场并未完全反映公司的成长前景。而价值型基金经理买入股票的原因，则是他认为市场低估了公司的内在价值。因此，在这两种情况下，他们都认为市场目前的预期不正确，而且很可能通过股价的上涨得到修正。

尽管投资者确实也会谈论预期这个话题，但他们谈论的往往是错误预期。错误在总体上可以分为两大类：要么是不了解市场预期的结构，要么是不能合理把握基准预期。

过度关注短期收益就是一个结构性错误的例子。短期收益并不是衡量预期的理想指标，因为它不能合理反映市场如何对股票估值。即便是采用某种适当经济模型的投资者往往也会不得其所，因为他们无法将个人预期与市场预期进行对比。他们既不清楚自己的现状，更无从知悉明天会怎样。

本书阐述的一个核心主题，就是合理解读市场预期，并预测市场预期的修正，这种能力才是投资者赢取长期超额收益的前提。股票的市场价格是全体投资者对股票的集体预期，而这些预期的变化，将最终决定一笔投资能否取得成功。

从这个角度看，股票价格是需要我们接受并利用的信息礼物。如果我们已经把握了当前市场预期，就可以去判断它们在未来可能会走向何处。正如史上最伟大的冰球明星韦恩·格雷茨基（Wayne Gretzky）所言：你应该学会"滑到冰球将会出现的位置，而不是它曾经或是存在的位置"。[1] 这也是预期投资法的真谛。

与传统做法截然不同的是，预期投资是一个利用市场自身定价机制进行的选股过程，这种机制就是折现现金流模型。但模型的核心已发生重大调整：预期投资的起点不再是预测现金流，而是解读隐含在公司股价中的市场预期。[2] 此外，它还揭示出预期修正会如何影响股价。简单而言，预期投资法就是以正确的工具去评估正确的预期，并据此做出正确的投资决策。

为什么现在需要做这件事呢？我们必须把这种价格隐含预期纳入到投资决策中，因为当下风险已超越历史中任何时候的风险。因此，我们必须考虑如下要素：

- 近 6 000 万美国家庭拥有共同基金，也就是说，近一半的美国家庭都在投资共同基金。此外，还有更多的个人在直接投资股票——通过个人持有股票或是自主管理型退休账户，或是通过养老金计划间接参与股市。预期投资法为全球投资者提供了一种完整的选股策略，或者说，它为投资者提供了一个有参考价值的标准，据此，投资者可以对基金经理的决策进行判断。

- 如果使用过时的分析工具，就会让基金经理面临业绩不佳或失去客户的风险。比如说，在无形投资目前已超过有形投资的大背景下，每股收益指标的重要性已大不如前。

- 预期投资法不仅适用于各种经济形态（实体、服务和知识型企业），也适合于各种投资风格（成长型投资和价值型投资）。

- 面对交易成本下降甚至消失、信息获取渠道改善以及主动型基金经理经营业绩江河日下，有些个人投资者开始放弃共同基金，转而独立投资。假如你目前正在管理自己的投资，或是正在考虑这么做的可能性，那么，预期投资法或许会大大增加你实现超额收益的概率。

对并购融资、股票回购或发行股权薪酬等重大公司决策，目前都更需要合理检验它们给公司股价带来的潜在影响，而且这种预期的紧迫性也远远超过以往任何时候。发行或回购股票的决策或许可以为市场提供预期修正的信号。而预期投资法则为我们解读和评估这些修正的合理性提供了手段。

实际上，预期投资法只是把很多公司多年来一直采用的公司财务原则运用到实践中。此外，它还在这个过程中结合了价值创造和竞争战略分析等概念。在此基础上，我们把这些概念整合为一个功能强大的投资工具包。

实践表明，主动型投资的成功之路异常艰难。世界各地出台的证券法均力求向全体投资者及时披露所有重大信息，因此，信息优势几乎已不复存在。持续性的创新、近乎惨烈的全球竞争以及 2020 年的全球疫情大爆发，这些不可预见的外来冲击相互叠加，共同导致经济不确定性明显升级。而预期投资法的宗旨，就是把这种高度的不确定性转化为机遇。

主动型投资管理：面对挑战与机遇

对大多数机构投资者及个人投资者来说，他们的投资组合收益率均低于跟踪标普 500 指数等大盘指数的被动型基金收益率。事实上，在投资大盘股的主动型基金中，2/3 的年均收益率落后于标普 500 指数，更是有 90% 的基金在十年期内的年均收益率低于该指数。[3]

在扣除交易费用之前，投资业绩是一个零和游戏，因为一部分投资者赚取的超额收益，恰恰是另一部分投资者的损失，两者相抵，总收益归零。在这样的世界里，我们似乎可以预期，成熟精明的投资者会成为赢家，而青涩愚笨的投资者则自动扮演输家。但这种区分在现实中几乎已无法兑现。譬如，作为衡量最佳基金经理与最差基金经理业绩差异的主要指标，超额收益的标准差自 20 世纪 70 年代以来持续收缩。在所有投资者绝对能力均有所提高的同时，个别投资者之间的相对能力差异则在收缩。[4]

机构投资者的业绩为什么会落后于被动型投资者呢？主动型投资管理当真能让投资者得到回报吗？如果这样的话，那么，到底哪种方法更有可能创造超额投资收益？

在回答这些问题之前，我们需要明确一个底线：尽管专业管理型基金的业绩确实差强人意，但这并非主动型管理本身的罪过，相反，它只能说明，很多主动型专业管理者使用了次优策略。[5]因此，我们相信，预期投资法将为他们提供一种创造超额收益的强大工具。

我们不妨进一步澄清这个问题。主动型投资其实并不简单。如果你不想落后于大盘，取得满意的总体收益，那么，你就应该选择低成本的指数基金或交易所交易基金（ETF）。实际上，即便是最精明、最勤奋的投资者，也很难持续跑赢大盘。预期投资的宗旨并不是为投资者提供一劳永逸的财富捷径，但这种方法将有助于主动型投资者充分发挥自身潜力。

现在，我们探讨一下导致机构投资者业绩低于被动型投资策略的四个主要原因：分析工具、成本、激励和风格限制。在这里，我们将看到预期投资法是如何抬高这些要素的天花板。

分析工具

标准实践： 大多数投资者采用以会计指标为依据的工具，如短期收益和市盈率等。但随着公司的价值创造力开始越来越多地依赖于无形资产，不断摆脱有形资产的制约，这些措施自身的缺陷也逐渐浮出水面，而且功效也在不断削弱。在本章的最后一节中，我们将深入探讨以收益代表市场预期这种做法的弊端。

预期投资法对市场预期的解释源于金融理论。在此基础上，它又借助相应的竞争战略原则帮助投资者展望市场预期的修正。

成本

标准实践： 在分析成本与共同基金业绩的关系时，已故先锋集团创始人约翰·博格（John Bogle）指出"要取得排名进入前 1/4 的收益率，最可靠的途径就是让费用水平排在最低的 1/4"。[6]对主动管理型的美国股权共同基金而言，资产加权费率的平均水平约为资产价值总额的 0.68%。相比之下，被动型基金的平均资产加权费率仅为资产价值的 0.09%。[7]

预期投资法为买卖股票设定了非常苛刻的标准，从而降低了股票投资组合的周转率，这就相应减少了交易成本和税收成本。

激励

标准实践：基金股东通常会将每季度的收益率与标普 500 指数等基准收益率进行比较。基金经理往往会担心，如果不能达成令投资者满意的短期业绩，他们就有可能失去客户资金，甚至会就此失业。但不能在短期内忍受寂寞和折磨，就会减少在长期内实现超额收益的机会。但是，还是有很多基金经理痴迷于追求短期的相对收益。

因此，最终的结果就是这些基金经理始终对被市场错误定价的股票视而不见，一意孤行地追求最大限度地减少与大盘收益率的差异。作为衡量投资组合偏离市场基准程度的标准，主动投资比率（active share）在过去几十年中持续稳步下降。这就大大减少了基金跑赢大盘指数和指数基金的可能性。

只要基金经理敢于打破常规，并采取更有效的分析工具，那么，预期投资法就可以帮助他们提高在长期内打败大盘的可能性。

风格限制

标准实践：大多数专业基金经理会把自己的投资风格自封为成长型或价值型。成长型基金经理强调收入和利润的快速增长，偏爱股票通常按较高市盈率交易的公司。而价值型管理者关注的焦点，则是交易价格相对预期价值存在较大折扣、市盈率通常较低的股票。考虑到市场不鼓励基金经理偏离自己宣称的投资风格，这就限制了可选择股票的范围。

相比之下，预期投资法并不区分成长型和价值型。因此，按照这种方法，基金经理的唯一目标就是按既定投资政策追求长期收益率的最大化。对此，沃伦·巴菲特的观点无疑令人信服，"市场评论家或基金经理肤浅地把投资划分为'成长型'和'价值型'，这似乎是两个格格不入的流派，但这种方法不仅不能代表他们的博学，反而只能暴露他们的无知。在价值公式中，'成长'只是其中的一个构成要素而已，尽管它对价值的影响在大多数情况下是积极的，但有时也是消极的"。[8]

预期投资法不仅有助于识别被低估的股票，为买入或持有股票提供决策依据，还可以帮助投资者识别需要规避或是抛出的高估股票。

那么，对那些有见地、有耐力的投资者来说，预期投资法是否能为实现超额收益创造更多机会呢？我们认为，答案是肯定的。1976年，投资界泰斗杰克·特雷诺（Jack Treynor）提出两种投资理念：一种理念"含义直接明确且显而易见"，另一种理念是"在对股票进行估值前，需要经历反思、判断以及寻找相关专业知识等一系列的工作"。特雷诺认为，后一种观念才是"对'长期投资'唯一有意义的定义"。[9]

无论是公司宣布意外的盈利消息、并购、发布新药还是政府采取的反垄断行动，都很少会给长期估值带来显著影响。投资者会迅速评估这些事件对当前价格造成的利好或利空影响，并据此做出交易决策。可以想象，在这些公告发布后，交易量通常会有所增加。面对股价的波动和交易量的增加，投资者注定会对这些信息迅速做出反应。但是真正让投资者成为赢家或是输家的根本，并不是他们的反应速度有多快，而是他们对这些信息的理解程度。每个投资者都会对同一信息做出不同解释，当然，也注定会有某些解释优于其他解释。

换句话说，尽管股票价格很快会反映修正后的市场预期，但这个预期也可能是对现实的误读。因此，要在投资中获得成功，投资者首先需要合理解读市场预期，然后，再以现有的最佳工具判断当前预期是否会发生变化，以及如何变化。好吧，让我们共同探讨预期投资法的真谛吧。

预期投资法的实施过程

在随后章节中，我们将引导读者深入探讨预期投资法的三个具体步骤。

步骤1：估计价格隐含预期

首先，我们将利用长期贴现现金流模型解读隐含在股票价格中的预期。为此，我们需要改变以往从预测净收益或现金流开始进行估值的惯例。采取这种逆向工程的好处包括：

- 长期贴现现金流模型是解读预期的一种合理工具，因为它反映了市场如何对一只股票定价。
- 预期投资法可以让投资者充分发挥贴现现金流模型的威力，而无须预测长期现金流，这就解决了投资者在不确定性持续升级的环境下面对的困境。
- 因为预期投资法的目标只是理解市场价格包含的财务预期，因此，此时的投资者可能对投资机会还一无所知。

步骤2：识别预期机会

一旦确定了当前市场预期，即可采用适当的战略及财务工具识别可能发生预期修正的对象及时间。以下是这种方法的优点：

- 作为一种投资分析方法，预期投资法揭示了股价是否对公司收入、营业成本或投资需求的修正最为敏感，从而让投资者关注最重要的潜在预期修正。
- 预期投资法采用现有最理想的竞争战略体系，协助投资者搜索发生潜在预期修正的机会。

预期投资法为投资者提供了适用于所有上市或非上市公司的估值工具，因此，无论是依赖有形资产或是无形资产的公司、价值型或是成长型公司、发达市场或是新兴市场的公司、初创公司或者成熟公司，概莫能外。总而言之，预期投资法具有普遍适用性。

步骤3：决定买入、卖出抑或持有？

最后一步的内容是为买入或卖出决策制定可执行的明确标准。这个步骤的核心职能包括：

- 任何买入决策都必须拥有清晰可鉴的"安全边际"，也就是说，市场价格相对预期价值具有足够的折扣，以补偿分析错误或运气不佳可能造成的潜在损失。同样，任何抛出决策也必须为持有者提供相对预期价值的足够溢价。
- 行为金融学的关键洞见有助于投资者规避决策陷阱。
- 设置严格的买卖限制（最高买入价或最低卖出价）可降低交易成本及所得税。

传统分析模式再现锋芒

1938年，约翰·伯尔·威廉斯（John Burr Williams）出版了《投资

价值理论》（*The Theory of Investment Value*）一书，这本巨作开创性地阐述了贴现现金流模型在估值方面的重要地位。在本书中，威廉斯以令人信服的方式解答了投资者的顾虑，即长期贴现现金流模型过于复杂，高度确定，而且缺乏可操作性。[10] 尽管金融理论在此后取得长足进步，但很多投资者依旧对这个模型敬而远之，甚至对实施这个模型的所有金融与战略工具都避之唯恐不及。

在后续章节中，我们将通过对预期投资的全面阐述，揭示它相对于其他投资工具所拥有的优势。不过，投资领域中的三个常见误解依旧值得我们关注：

（1）市场倾向于采取短期视角。

（2）每股收益（EPS）主导价值。

（3）市盈率（P/E）决定价值。

这些谬论会导致投资者追逐错误的市场预期，并导致他们难以取得令人满意的业绩。下面，我们逐一探讨这三个误区。

观点：市场倾向于采取短期视角

现实：市场应采取长远视角

大多数投资者和公司管理者认为，决定股票价格的基础是公司披露的短期收益，而非长期现金流。为什么会这样呢？这里有三种合理解释。

首先，他们对股票市场基于收益公告做出的反应存在误解。如果季度收益公告对公司长期现金流前景提供了新的信息，那么，股价会相应发生变化。但实际情况并非如此，因为市场对收益公告并不是机械地做出反应。相反，只有出乎意料的收益公告以及管理层对未来收益的预测才会给市场提供信号。在适当的情况下，投资者需要修正对公司未来现金流的预期。如果市场把令人失望的收益或预测解读为长期低迷的信号，就会导致股价下跌。[11]

其次，即便是拥有良好长期前景的企业，其股票也未必总能为股东带来超额收益。如果一家公司的股票价格能完全反映其预期业绩，那么，这家公司的股东就只能预期取得市场要求的基准收益率。因此，对精明的投资者而言，他们获得超额收益的唯一策略，就是提前预见公司竞争地位的变化，以及没有在当前股价中体现出的现金流变化。

最后，在为市场短视倾向性寻找证据时，市场评论人士经常会选择相对较短的投资持有期。比如说，从网络股在 2000 年达到高峰以来，共同基金的资产加权营业额已有所下降，但高频交易和量化基金在目前的市场地位却比以往更突出。[12] 对持有股票数月甚至只有几天的投资者而言，他们怎么会关心一家公司的长期愿景呢？

面对这个显而易见的悖论，最简单的答案就是：投资者的个别持有期限与市场的投资时间窗口完全是两个不同的概念。要理解时间窗口，我们需要查看的是股票价格，而不是投资者持有股票的期限。相关研究表明，要验证股票价格的合理性，我们就必须考察较长期限内的预期现金流。因此，这些投资者只是在对长期结果做短期赌注。

我们怎么知道市场会采取长期视角呢？最直接的证据来自股价本身。我们可以估计当前价格中所隐含的现金流预期水平和持续时间。事实证明，对大多数公司而言，要验证其股价的合理性，至少需要十年能创造价值的现金流。而间接证据则是当前股价中可由未来五年预期股息解释的百分比。道琼斯工业平均指数的成分股价格中，只有 10%～15% 的部分来自未来五年的预期股息。[13]

观点：每股收益（EPS）主导价值

现实：收益几乎不能为判断价值提供任何信息

不可否认，无论是投资界还是企业管理者都无一例外地在关注每股收益。比如说，通过对财务总监进行的调查，学术界把他们对财务报告的回应归结为"收益为王"。[14]《华尔街日报》及其他媒体也在连篇累牍地讨论销售增长率、季度每股收益和市盈率等指标。对收益公告的大肆宣传和频繁的市场反应或许会让部分人相信，公开披露的收益会严重影响、甚至是完全决定股价。

但是存在于收益和长期现金流之间的内在差异，不仅让我们认识到为什么说收益不是市场预期的最优指标，而且还告诉我们，上调预期收益未必会推高股价。收益的缺陷体现在诸多方面，具体包括：

- 收益不包括资本成本。
- 收益不包括支持公司继续成长所需要的营运资金以及维持或增加固定资产所需要的增量投资。
- 公司可以采用多种可接受的会计处理方法计算收益指标。

贴现现金流模型和股票价格说明的是货币的时间价值，也就是说，今天1美元在一年后的价值要高于1美元，因为我们可以用今天的1美元进行投资，从而在一年后取得相应的投资收益。公司在进行投资时，它必须把这笔投资的收益与其他具有相同风险等级的投资机会的潜在收益进行比较。这个机会成本或者说资本成本，就是贴现现金流模型中的贴现率。但是在计算绝对收益时，并没有考虑这种机会成本和货币的时间价值。

在贴现现金流模型中，只有当公司通过新投资实现的收益率超过资本成本时，公司价值才会相应增加。这里的关键点在于，公司可以在新投资收益率不低于资本成本的情况下增加收益。（我们在本章结尾的附录1A中提供了一个详细示例。）因此，收益的增加未必总能转化为价值的增长。

我们再看看收益的第二个问题，即维持企业存续和成长所相应的营运资金和固定资产投资。在计算收益时，并不考虑未来投资增加所对应的现金流出，譬如应收账款、存货和固定资产的增加。相比之下，贴现现金流模型则包含所有的现金流入和现金流出。例如，快餐连锁店 Shake Shack Inc. 在 2019 年披露的净利润为 2 410 万美元，但相应的净现金流则是 −1 670 万美元（见表 1-1）。因此，无论是短期还是长期，我们都无法从第一个数字（收益）找到能说明第二个数字（价值）的信息。

表1-1　2019年Shake Shack Inc.净利润（收益）与现金流的转换

（单位：千美元）

	收益	调整	现金流
销售额	$594 519		
＋应收账款变动		10 726	$605 245
销售成本	（446 607）		
－ 其他资产的增加		（8 583）	
＋其他负债的增加		（19 595）	（474 785）
＋折旧和摊销费用		40 704	
－ 非现金租赁成本		40 068	
－ 资本支出		（106 507）	（25 735）
＋股权激励薪酬		7 505	
日常和行政管理费用	（65 649）		
固定资产折旧	（40 392）		
开办费	（14 834）		
其他支出	（1 352）	968	（113 754）
其他收入净额	2 263		
利息支出	（434）		1 829
所得税费用	（3 386）		
－ 递延税款		（6 064）	

（续）

	收益	调整	现金流
股票期权的税收优惠			
报告期的净利润	$24 128		
报告期的净现金流			（$16 650）

资料来源：2019 年 Shake Shack Inc. 年报。

最后，公司可选择多种可接受的会计处理方法计算收益。毫无疑问，会计师处理公司事件的方法不可能改变事件本身及其对股东价值的影响。

一个心胸开阔的会计师会坦然接受这样一个事实：无论是他们自己，还是他们所采取的行业惯例，在评估企业价值时都不存在比较优势，换句话说，任何人都无法改变一家公司的真正价值。公司财务报告的作用只能为估算价值提供有价值的信息，并不能改变价值本身。

收入确认以及收入和成本的配比是确定收益的两个基本步骤。公司在交付产品或服务的同时确认收入，并合理确定向客户收取的销售价格。然后，在确认收入的同一会计期间，将创造这笔收入投入的资源确认为销售成本。换句话说，收益的确定需要收入与实现收入的成本相互配比。这个配比原则在理论上不难掌握，但在实务中却永远无法摆脱各种人为操纵。

会计准则允许公司在收入确认、折旧方法和库存会计处理等方面自主选择可接受的处理方法。

观点：市盈率决定价值

现实：市盈率依赖于价值

投资界最喜欢的估值指标就是市盈率（P/E）。[15] 这个指标衡量的是投资者愿意为买入股票支付的市场价格，市盈率等于股票价格（P）除以公司

的每股收益（E）。因此，投资者习惯于把原本复杂的构成归集为一个看似简单的估值公式，即

$$每股股东价值=每股收益 \times P/E$$

考虑到很容易通过财务报告获得每股收益的估计值，因此，投资者只需确定适当的市盈率即可估算出一只股票的价值；然后，把这个估值结果与股票的当前市场价格进行比较，从而判断该股票是否被低估或高估，还是等同于公允价值。这个计算确实太简单了，但结果显然令人失望。

我们不妨深入探究这个公式。由于可以通过财务报告得到上一年的每股收益或是可以接受的次年每股收益估计值，所以，我们只需估计出适当的市盈率。考虑到分母（每股收益）已知，因此，唯一的未知数就是合适的股票价格。这就为我们留下了一个毫无意义的死循环：要估计价值，我们首先需要得到这个价值的估计值。

这种存在明显缺陷的逻辑再次强调了一个基本点：市盈率不仅不能决定价值，而且只能依据价值得出。这就是说，市盈率分析不仅不是分析捷径，而且只能把我们带入死胡同。

本章小结

- 合理解读市场预期并预测市场预期修正的能力，是投资者赢取长期超额收益的前提。
- 预期投资法利用了贴现现金流模型的强大威力，但这种方法从价格入手，在此基础上确定现金流预期。
- 玩盈利预期把戏的投资者很可能会以失败而告终，因为短期盈利并不能说明市场是如何对一只股票定价的。

附录1A 收益增长与价值创造

我们不妨看看，为什么说收益增长不等于股东价值的增长。我们首先考虑一家实现了收益增长的 A 公司。为简化计算，我们假设 A 公司没有债务，并且无须进行增量投资。因此，公司的收益和现金流是相同的。这些简化条件并不影响分析结论。假设 A 公司最近一年的利润表如下所示：

A公司最近一年的利润表	（单位：百万美元）
销售额	100
营业费用	85
营业利润（15%）	15
税额（20%）	3
收益	12

假设 A 公司在可预见未来会维持目前的销售水平和利润率。按照近期 8% 的股权资本成本计算，A 公司的股东价值为 1 200 万美元除以 8%，即 1.5 亿美元。

现在，我们再假设 A 公司目前有一个投资机会，而且可以使用自己创造的 1 500 万美元利润进行这笔投资，新的投资将带动销售收入增长 10%，并维持 15% 的税前销售利润率。以下是 A 公司在次年及随后几年的预计利润表：

A公司在次年及随后几年的预计利润表	（单位：百万美元）
销售额	110.0
营业费用	93.5
营业利润（15%）	16.5
税额（20%）	3.3
收益	13.2

　　现在，A 公司的股东价值为 1.65 亿美元（1 320 万美元除以 8%）扣除 1 500 万美元投资额的净值，即新的股东价值为 1.5 亿美元。这里需要注意的是，尽管收益增长了 10%，但股东价值保持不变，因为 1 500 万美元的投资导致当年的税后净现金流增加了 120 万美元，如果贴现率为 8%，那么，股东价值恰好为 1 500 万美元。当净现金流现值与投资现值相同时，股东价值不变化，也就是说，新的投资并未带来股东价值的增加。

　　当新增投资的收益率低于资本成本时，即使收益增加，股东价值也会减少。比如说，假设新增投资 3 000 万美元，并带动 A 公司在次年的销售收入增长 20%。但由于新增销售的税前利润率为 10%，而不是之前预计的 15%，就会使得净现金流现值低于投资现值，从而侵蚀了原有的股东价值。以下是 A 公司在次年及随后几年的修正利润表：

A公司在次年及随后几年的修正利润表　（单位：百万美元）

销售额	120.0
营业费用	103.0
营业利润（15%）	17.0
税额（20%）	3.4
收益	13.6

　　尽管收益从 1 200 万美元增长到 1 360 万美元，即收益增长 13.3%，但股东价值则是 1.7 亿美元（1 360 万美元除以 8%），扣除 3 000 万美元新增投资后的余额，可以得到新的股东价值为 1.4 亿美元。因此，尽管收益实现增长，但股东价值却减少了 1 000 万美元。可见，股价与盈利增长之间并不存在显而易见的关联性。相反，未来现金流预期的变化会导致股东价值和股票价格发生变化。因此，在公开披露收益增长的情况下，即使股东价值相应增加，也可能引发投资者期望降低和股价下跌。

第一部分

EXPECTATIONS INVESTING

工具箱

第二章

市场如何对股票估值

在传统的贴现现金流分析模型中，我们首先需要预测未来现金流，在此基础上对股票进行估值。而预期投资法则逆转了这个过程。它首先从股票价格开始：市场价格是一个无比丰富却远未被充分利用的信息资源，它确定的是可以验证这个价格是否合理的现金流预期。反过来，这些预期又成为投资者买入、抛出或持有股票的投资依据。

在深入探讨预期投资法之前，我们首先要明确的是，我们正在研究的预期是正确的。这就需要我们回答一个最基本的问题：金融市场的价格是否能真实反映预期的未来现金流？

正确的预期

我们首先看看预期投资法的基本原则：股票市场的价格预期以长期现金流为基础。今天的 1 美元比未来的 1 美元更有价值，因为我们可以用今天的 1 美元进行投资，并获得正的收益率。我们把这个从现在到未来的收益过程称为复利（compounding）。复利的逆向过程是贴现（discounting），它把未来现金流转换到现在的等价金额，即现值。资产现值是按预期收益率对全部预期现金流进行贴现后的总和。这个收益率是投资者预期通过具有类似风险特征的资产可以获得的收益。而现值则是投资者愿意为该资产支付的最高交易价格。[1]

我们可以利用贴现现金流模型为所有正常运行的资本市场进行定价，包括债券和房地产市场。例如，债券发行人通过合同确定债券的票面利率、本金偿还额及到期日。在这种情况下，债券价格是按当前预期收益率贴现后的全部约定现金流的现值。如果通胀预期或公司信用质量变化导致预期收益率升高或降低，那么，债券价格就会发生相应变化。也就是说，市场为债券设定的最终价格将导致预期收益与预期风险相互匹配。

贴现现金流模型也是商业房地产市场定价的基础。当帝国大厦在 20 世纪 90 年代初挂牌出售时，房地产专家估算的市场价值约为 4.5 亿美元。但考虑到该建筑物的长期租赁价格低于市场价格，因此，最终的出售价格仅为 4 000 万美元。也就是说，无论是它的声望还是它所处的黄金地段，都不能决定帝国大厦的市场价格。归根到底，决定其价值的是贴现现金流。[2]

由于债券和房地产的价值取决于现金流的大小、发生的时点及其对应风险，因此，我们同样可以认为这些变量会决定股票价格。但问题在于，影响股票价格的要素具有高度的不确定性。债券可以通过合同约定支付现金流和偿还本金的日期，而股票所带来的现金流完全是不确定的，也没有确定的持有期，也不存在还款准备金的概念。这种更大的不确定性导致股票估值远远难于债券。

但这是否就意味着，我们不应或是无法采用贴现现金流概念对股票进行估值呢？当然不是。毕竟，投资者买入任何金融资产取得的收益，均取决于在持有资产期间取得的现金流与出售该资产所获得的收益之和。在第一章中，我们曾提到过约翰·博格对贴现现金流估值法的推崇："归根到底，投资的回报必须以未来现金流为基础。毕竟，任何股票市场的目的不过是为股票提供流动性而已，以期获得未来现金流，从而让投资者将未来任何时点的收入流兑现为现值。"[3]

大量实证研究表明，市场不仅是决定股票价格的前提，也是决定其他任何金融资产价格的基础。具体而言，这些研究揭示出两种关系：首先，市场价格会对公司现金流预期的变化做出反应；其次，市场价格会有效地反映未来现金流。如前所述，要验证公司股价的合理性，往往需要公司拥有至少十年创造价值的现金流。而对想要拥有强大竞争优势的公司而言，这个时期可能要长达二十年。

但大多数基金经理、证券分析师和个人投资者都希望规避预测长期现金流的困难。于是，他们会选择只盯着近期收益或市盈率等指标。事实上，只有在这些指标能反映公司长期现金流的前景时，这种方法才能帮助他们鉴别被低估的股票。但反映近期业绩的静态指标根本不能反映未来业绩，最终，它们只会让投资者大失所望，尤其是在以竞争升级和颠覆性技术为标志的全球经济中，结果不言而喻。因此，如果不评估公司的未来现金流，任何投资者都不可能令人信服地得出股票被低估或高估的结论。

股东价值路线图

我们首先需要定义现金流的概念，并说明如何使用现金流计算股东价值。图 2-1 描绘了计算股东价值的路线图，它为我们估算股东价值提供了基本指南。该路线图揭示了如下关系：

- 销售增长率和营业利润率决定营业利润。
- 营业利润扣除现金税后的余额为税后净营业利润（NOPAT）。

- 税后净营业利润扣除营运资金及固定资产投资的余额（投资）为自由现金流。把自由现金流视为可用于支付债权人和股东收益的现金来源。
- 以资本成本对自由现金流进行贴现后得到公司价值。
- 公司价值加非经营性资产，再减去债务及其他相关负债市场价值后的余额，即股东价值。

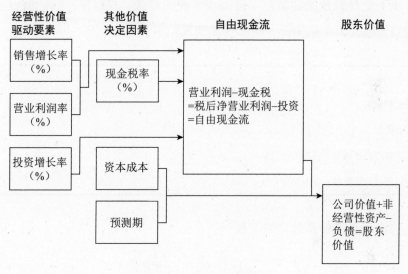

图 2-1　股东价值路线图

上述关系描述了估计现金流并确定股东价值的标准贴现现金流过程。而预期投资法则完全颠倒了这一过程，即以不同于价值的价格为出发点，在此基础上，确定隐含在价格中的现金流预期。

自由现金流

为方便起见，我们可以使用熟悉的财务报表数据估计市场对未来自由现金流的预期。我们不妨再看看图 2-1。图中显示出三个经营性价值驱动要素——销售增长率、营业利润率和投资增长率,以及一个价值决定因素,即现金税率。通过这些变量,我们就可以得到公司自由现金流。我们之所以把销售增长率、营业利润率和投资增长率视为经营性价值驱动要素,是因为它们主要受管理层决策的影响。价值决定因素由政府和金融市场等外部力量决定。

以下是计算预测期第一年自由现金流的方法。在这里,我们假设上年度的销售收入为 1 亿美元,次年预测情况如下:

销售增长率	10%
营业利润率	15%
现金税率	25%
固定资产投资增量(百万美元)	1.50
营运资金投资增量(百万美元)	1.00

自由现金流计算过程如下表所示:

（单位：百万美元）

销售收入	110.00
营业利润 = 销售收入 × 15%	16.50
减:现金税 = 营业利润 × 现金税率 = 16.50 × 25%	−4.13
税后净营业利润	12.38
固定资产投资增量	−1.50
营运资金投资增量	−1.00
减:投资增量合计	−2.50
= 自由现金流	9.88

销售收入数据摘自利润表第一行。销售增长率为次年销售收入相对上年度销售收入的变动百分比。营业利润率是指扣除利息、税收之前的营业利润与销售收入的比率。考虑到我们要计算的是现金流，因此，我们首先要剔除非现金费用形式的外购无形资产摊销额。此外，还要扣除内含在租赁费用中的利息，这项费用应视为融资成本。[4] 在计算营业利润时，我们把折旧费用作为一项费用扣除，但这笔费用实际上无须以现金支付。因此，不要忘记的是：只有从资本支出中扣除折旧费用，得到的自由现金流才是真正的现金流数字。

再看看税收。在一定时期内，利润表中列支的税收费用为账面税收数，这个数字往往大于实际支付的税款，即现金税。出现这种差异的原因在于，公司在针对会计核算及税收目的而确认某些收入和费用项目时，选择的时点可能是不同的。

例如，从会计核算目的出发，公司可能会采用直线法对固定资产计提折旧，但在基于税收目的核算折旧时可能会采用加速折旧法。由于按加速折旧法具体的折旧金融大于直线折旧法，因而会增加公司在同一时期的费用，减少税基，并最终减少了现金税。此外，股权激励薪酬也会在现金税款和账面税款之间造成时间性差异。因此，公司实际承担的现金税率通常低于账面税率。[5]

现金税率代表的是基于营业利润计算的应付税款，而不是以税前利润为基础得到的应付税款。因此，对一家完全采取股权融资的公司而言，要计算该公司需支付的税款，就必须剔除利息费用和营业外收支对税收的影响。其中，利息费用抵扣带来的税收优惠（等于利息费用乘以税率）会增加现金税；而营业外收入净额的税收影响则会减少基于营业利润征收的现金税。

现在，我们得出的是税后净营业利润（NOPAT）。为最终得到自由现金流，还要减去增加的投资。投资是指为预期创造未来现金流而在今天投入的支出，以确保投资在经济上具有可行性。构成这些投资的常规项目包括固定资产投资、营运资金的增加以及收购。

我们首先从固定资产投资开始，它主要由资本支出和折旧费用构成。为更好地理解市场预期，我们应采用提供长期预测服务的公开信息来源，如《价值线投资调查》（*Value Line Investment Survey*）和证券分析师的预测，对公司的固定资产投资增长率进行预测。固定资产投资增长率是指每增加 1 美元销售收入所需增加的固定资产投资。在实务中，我们以资本支出减去折旧费用的余额除以同期预测的销售额变动量来计算。[6]

其次，还要在税后净营业利润中扣除折旧费用，因为它代表了维持公司当前生产能力所需要的支出。因此，我们只把超过折旧部分的资本性投资视为增量投资。比如说，如果资本增长率为 15%，那么，当销售额从第一年销售额的 1 亿美元增加到次年的 1.1 亿美元时，我们即可得到，固定资产投资增量为 150 万美元（15% =150 万美元 /1 000 万美元）。

历史投资率对评价市场预期的影响取决于诸多因素。这些因素包括：公司产品组合的相对稳定性、技术变革、公司通过提高销售价格或固定资产使用效率来抵消固定资产成本增加的能力。因此，根据相关信息调整后的历史投资增长率为判断预测投资增长率提供了合理依据。

以经营性营运资金变动额除以销售额变动额，即可得到一家公司营运资金的投资增长率。经营性营运资金等于流动资产减无息流动负债后的余额。流动资产主要包括应收账款和存货，而不计息流动负债主要由应付账款和应计费用构成。流动资产应扣除超过公司正常经营所需现金以外的超额现金。随着业务的增长，营运资金通常会根据销售额同比增长。

营运资金投资增长率是指营运资金变动额占销售额变动额的百分比。

比如说，如果营运资金的投资增长率为10%，那么，当销售额增加1 000万美元时，就会导致营运资金投资增加100万美元（10%=100万美元/1 000万美元）。

营运资金变动额突出了收益和现金流之间的另一个区别。例如，如果应收账款余额从年初到年末出现增加，那么，即可表明公司在该年度收到的现金少于确认的销售额。在会计核算中，公司应在交付商品或服务时确认销售额，但是在进行估值时，关键是公司在何时收到销售所对应的现金。

随着销售额的增加，存货通常也会相应增加。在存货增加时，需要以更多的现金支付材料、人工购置成本及管理费用。由于销货成本不包括为购置超额存货而支出的现金，我们需要把这笔现金纳入到营运资金投资中。

最后，以应付账款和应计负债抵消应收账款和存货，即可得到最终的营运资金。应付账款和应计负债代表的是在利润表中已扣除但尚未支付的成本费用项目。由于公司是在确认这些费用之后才支付现金，因此，应付账款和应计负债的增加会减少本年度现金支出，进而减少营运资金投资。

事实上，有些企业的无息流动负债会超过流动资产，这意味着，这些逆差持续增长，营运资金也会成为公司的现金来源。亚马逊就是一家使用营运资金为公司扩张提供融资的典型案例。由于公司先向客户收取现金，而后才需向供应商支付采购款项，因此，营运资金就构成了公司的实际现金来源，而不再是投资支出。亚马逊的并购（M&A）支出始终超过固定资产及营运资金投资。我们将在第十章专门讨论并购问题，探讨并购对资本配置的重要性。但是在这里，我们仅涉及固定资产及营运资金投资，毕竟，我们很难预测并购交易的时间、规模和成败。

在讨论增量投资时，我们始终需要承认的是，无形投资在近几十年的增长速度已明显超过有形投资。由于无形投资被计入费用，因此，公司的投资开始越来越多地体现于利润表、而非资产负债表上。我们不妨看看一位分析师对微软公司 2020 财年的预测结果：微软在研发及其他无形投资上的支出为 340 亿美元，资本性支出为 154 亿美元。[7]这里的关键点在于，自由现金流不受会计师的投资核算方式影响。

在预测期内，自由现金流仅相当于公司价值的一小部分。毕竟，公司现金流不会在预测期结束时无缘无故地神秘消失。持续经营价值（continuing value）是指资产预测期结束时点的自由现金流价值，这个价值通常会构成公司总价值的主要部分。持续经营价值也被称为终值（terminal value）或残余价值。

那么，估计持续经营价值的最佳方法是什么呢？我们建议根据被分析企业的特征采取如下四种方法之一：永续法、考虑通胀率的永续法、考虑部分通胀率的永续法及通胀率下降的永续法。（本章后的附录 2A 可以帮助我们选择适合估值对象的计算方法。）前三种方法假设公司创造的收益率高于资本成本，从而引来外部竞争，并最终导致收益率在预测期结束时回归资本成本。此外，这三种方法还假设公司可以在预测期结束时维持固定的税后净营业利润，且未来投资不会创造价值。需要提醒的是，这些方法并不表明公司没有成长性，只是表示额外实现的成长不会增加股东价值。

第四种方法是指通胀率下降的永续法，它预计税后净营业利润将随时间的推移而减小。这种方法适用于进入行业衰退阶段的公司。

永续法意味着税后净营业利润在名义上维持不变。考虑通胀率的永续法假设，自由现金流在预测后将按固定的通货膨胀率持续增长，这表明，税后净营业利润在名义上维持不变。[8]考虑部分通胀率的永续法表明，公司将维持部分定价权。在实务中，任何一种持续经营估值法都不可能放之四海而皆准，因此，我们选择的具体方法应与我们对企业在预测期结束时的假定竞争地位保持一致。[9]

现在，我们已经知道如何使用熟悉的财务报表指标计算自由现金流。但是要把自由现金流转换为公司价值，我们还需估计一个适当的贴现率，即资本成本。

金融机构

在本章里，我们建议使用企业贴现现金流法来解读市场预期。这种方法以收益为起点，在此基础上加现金及其他非经营性资产，再减去债务，即可得到股东价值。这种方法也适用于非金融企业。

相比之下，解读金融服务型公司预期的最佳方式，则是使用股权贴现现金流法。截至 2020 年底，银行、保险公司和证券公司等金融服务型公司在标普 500 指数成分股中的比例约为 13%。按照股权贴现现金流法，我们就以股权资本成本对股东的未来自由现金流进行贴现，从而得到股东价值。由于金融服务型公司主要利用资产负债表的负债方（债务融资）来创造价值，因此，股权贴现现金流法虽然在数学计算上等同于企业贴现现金流法，但过程却更为直接。

此外，即便是在金融服务型公司中，不同商业模式也需要采用不同的估值方法。比如说，我们解读银行市场预期的模型，应该有别于我们解读保险公司所采取的模型。

尽管存在上述区别，但我们在本书中提出的预期投资法模型适用于所有企业。在实务中，我们只需对模型进行适当微调，即可对金融服务型公司的股价预期做出合理解读。

资本成本

在对自由现金流进行贴现时，传统的贴现率就是包括债务和股权在内的加权平均资本成本（WACC）。譬如，假设估值对象的税后债务成本为4.0%，股权成本为9.0%。此外，估值对象计划按20%债务和80%股权的资本结构进行筹集资金活动。那么，该公司的资本成本计算过程如下所示：

	权重（%）	成本（%）	加权成本（%）
债务（税后）	20	4.0	0.80
股权	80	9.0	7.20
资本成本			8.00

资本成本把债权人和股东的预期收益率融为一体，因为这两个群体均对自由现金流拥有求索权。这完全是合理的，因为自由现金流是指利息支出之前的现金流。而加权平均资本成本则根据对公司融资的预期贡献比例考虑每个群体的求索权。

在计算目标资本结构的权重时，我们应使用市场价值，而非账面价值，因为债权人和股东都希望按各自出资的市场价值获得有竞争力的收益率。[10] 而账面价值反映的历史成本往往不同于市场价值，因而与目前的投资决策无关。

那么，债务和股权的成本应如何估算呢？债务成本的计算方法很简单，因为债务是一种基于具体利率的合同义务。因此，债务成本就是公司在今天为所承担的长期债务而在未来需要支付的利率。由于债务带来的利息费用无须纳税，因此，我们可以利用如下公式计算公司的税后债务融资成本：[11]

税后债务成本=长期债务的到期收益率×（1–税率）

但股权成本的估算则较为困难，因为公司不会按固定收益率向普通股股东支付股息。尽管如此，投资者在买入或持有公司股票时仍希望获得隐含收益率。对理性投资者而言，他们的预期收益率应该与其承担的风险匹配。毕竟，风险是投资者为把握投资机会而付出的代价。那么，吸引投资者购买某个公司股票所需要的收益率是多少呢？一种合乎逻辑的估计方法就是无风险利率与投资高风险股票所要求的超额收益率（或称股权风险溢价）之和：[12]

$$股权成本=无风险利率+股权风险溢价 \qquad (2\text{-}1)$$

事实上，即便是政府债券也并非完全没有风险。虽然政府债券基本不存在违约风险，但仍要受基准利率上升的影响，并可能由此带来价值损失。在缺乏真正无风险证券的情况下，我们可以采用十年期美国国债或类似主权债务的收益率代替无风险利率。

股权风险溢价是股权成本的第二个构成要素。个股的股权风险溢价是指股权的市场风险溢价与个股系统风险的乘积，其中，后者表示为贝塔系数（Beta，或 β）：[13]

$$股权风险溢价= Beta \times 市场风险溢价 \qquad (2\text{-}2)$$

贝塔系数衡量的是股票收益率对整体市场走势的敏感程度。因此，包含全部股票的市场投资组合的贝塔系数为1.0。如果个股的贝塔系数大于1.0，表明该股票的价格波动性高于大盘，因此，其股权风险溢价高于市场风险溢价。比如说，当大盘指数上涨或下跌1%时，如果一只股票的上涨或下跌幅度为1.25%，那么，我们就可以说，该股票的贝塔系数为1.25。

按照同样的逻辑，对一只贝塔系数大于 0 但小于 1.0 的股票，其价格走势与大盘相同，只是波动幅度不同。在实务中，我们可以从诸多商业机构获取个股的贝塔系数，包括彭博社、辉盛（FactSet）和《价值线》等数据库服务机构。

最后一个变量是市场风险溢价（market risk premium），是指投资者持有分散性股票投资组合，而非无风险政府债券而预期取得的超额收益。要估算市场风险溢价，只需用标普 500 等代表性市场指数的预期收益率扣除无风险利率即可：

$$市场风险溢价=预期市场收益率-无风险利率 \qquad (2\text{-}3)$$

在估算市场风险溢价时，投资者应采用预期收益率，而不是历史收益率。如以历史收益率为基础估算市场风险溢价，则会忽略市场风险溢价随时间而变化的事实。根据前瞻性方法及近期历史数据的研究表明，股票的市场风险溢价在 4% 到 6% 之间。[14]

综合上述各变量，我们即可得到计算股权成本的公式。

$$股权成本=无风险利率+Beta\times（预期市场收益率-无风险利率）(2\text{-}4)$$

比如说，如果我们假设无风险利率为 1.5%，贝塔系数为 1.25，预期市场收益率为 7.5%，那么，股权成本计算如下：

$$股权成本=1.5\%+1.25\times（7.5\%-1.5\%）=9.0\%$$

预测期

我们再回到图 2-1，看看预测期的重要性。以资本成本对自由现金流进行贴现，即得到该未来自由现金流在今天的价值（现值）。在这里，我们需要判断股票的市场价格中覆盖了多少年的自由现金流。

很多估值资料的方法是采取任意 5 年或 10 年期的估值期限，但我们并不主张这种方法。预测期应该是指市场预期一家公司能创造出超额收益的时期，也就是说，在这段时间内，公司的增量投资收益率超过其资本成本。经济理论和实证研究的结果均表明，只要一家公司能创造出超额收益，就会吸引更多的外部竞争，并最终让新增投资的收益率回归资本成本。

分析师在使用贴现现金流估值模型时，通常会选择非常短的预测期。如果认为所有超过两三年的预测纯粹猜测，那显然是没有正确理解这个问题。市场价格反映的是长期现金流预期。事实上，股票市场的历史价格表明，市场隐含的预测期为 5 ～ 15 年。[15]

当然，不同行业市场隐含的预测期各不相同。此外，我们还发现，在同一行业内，尽管每家公司的具体预测期可能会有所差异，但它们的隐含预测期在总体上趋于接近。在第五章里，我们将具体介绍如何估计市场的隐含预测期。在这里，我们需要记住的一个关键点就是，股票市场倾向于采取长期视角。

从企业价值到股东价值

预测期内的自由现金流现值与持续经营价值之和等于公司价值。而股东价值等于企业价值加非经营性资产的总和，再扣除债务。

在这里，我们或许想知道，在计算股东价值时，为什么需要包含非经营性资产，譬如超额现金、有价证券以及其他与主营业务无关的投资。之所以这样做，是因为它们本身是具有价值的，而且我们在计算自由现金流时，并没有包括它们所创造的现金流。超额现金是指超出公司当前正常生产运营需要的现金。公司有时会囤积多余的现金和有价证券，以备抵御行业低迷或是为大规模收购进行资金准备。

非经营性资产可能会在公司股价中占据较大比例。例如，截至2020年年底，微软、伯克希尔－哈撒韦、Alphabet和苹果等公司均拥有超过1 000亿美元的现金和有价证券。[16] 一些非经营性资产会带来应税收益，因此，在估值时务必要考虑税收影响。相关研究表明，持有现金会导致估值对税收政策非常敏感。[17]

公司日常运营中的现金需求因行业而异。一般来说，稳定和成熟企业的正常现金需求量相对较少，大约相当于销售额的1%，而波动性和初创企业的现金需求量可能会达到销售额的5% ～ 10%。

最后，扣除负债的市场价值，我们即可得到股东价值。在这里，债务不只包括债券，还包括优先股和资金不足的养老金计划等。[18] 之所以需要扣除优先股，是因为公司在向普通股股东分配现金股息之前，通常需要对优先股全额支付股息。此外，当预计养老金负债的现值大于计划用于支付养老金资产的现值时，还要在企业价值中扣除养老金计划的负债部分。由于发起养老金计划的公司对资金不足承担最终偿付责任，因此，只有扣除资金不足部分才能得到最终的股东价值。[19]

示例汇总

上述这个计算股东价值的示例以经营性价值驱动要素为起点，并最终以股东价值为终点。而预期投资过程则恰恰相反：它从市场价值开始，最终得到隐含在价格中的市场预期。但两个过程的基本原理是一致的。

在这里，我们不妨假设上年度的销售额为 1 亿美元，并预计如下价值驱动要素在整个五年的预测期内维持不变：

销售增长率	10%
营业利润率	15%
现金税率	25%
固定资产投资增长率	15%
营运资金投资增长率	10%
资本成本	8%

假设公司无非经营性资产或债务。

股东价值 25 707 万美元相当于预测期内 4 744 万美元自由现金流的累积现值与 20 963 万美元持续经营价值现值的总和（见表 2-1）。[20] 在这个例子中，我们使用了考虑通胀率的永续估值法，并假设通货膨胀率为 2%。

表2-1 示例汇总 （单位：百万美元）

科目	第1年	第2年	第3年	第4年	第5年
销售额	110.00	121.00	133.10	146.41	161.05
营业利润	16.50	18.15	19.97	21.96	24.16
减：对营业利润征收的现金税	4.13	4.54	4.99	5.49	6.04
税后净营业利润（NOPAT）	12.38	13.61	14.97	16.47	18.12
固定资产投资	1.50	1.65	1.82	2.00	2.20
营运资金投资	1.00	1.10	1.21	1.33	1.46
投资额合计	2.50	2.75	3.03	3.33	3.66
自由现金流	9.88	10.86	11.95	13.14	14.46
自由现金流现值	9.14	9.31	9.49	9.66	9.84
自由现金流现值合计	9.14	18.46	27.94	37.60	47.44
持续经营企业价值的现值					209.63
股东价值					257.07

本章小结

现金流的大小、时间和风险决定了债券、房地产和股票等金融资产的市场价格。

我们可以通过预测自由现金流，并以资本成本将它们贴现为当前价值，从而得到股票所包含的股东价值。

在使用预期投资法时，我们无须煞费苦心地预测长期现金流或是采用不可靠的短期估值指标，相反，预期投资者只需确定股票价格所预示的未来现金流趋势，并以此作为买入、持有或卖出股票的决策依据。

附录2A　持续经营价值的估算

贴现现金流估值模型通常把现金流预测划分为两个部分：具体预测期内的预期现金流和反映具体预测期后预期现金流的持续经营价值。

持续经营价值的计算涉及很多重要假设，因此，我们必须明确这些假设是否合理。这里的关键，就是要深入考虑公司在明确预测期结束时的市场竞争地位。

评估持续经营价值涉及三个输入变量。第一个变量是资金成本。我们应采用与公司在具体预测期后预期竞争地位相匹配的资本成本。这对初创公司尤为重要，因为随着公司的成熟，公司的风险水平和资本成本都会有所降低。

第二个变量是通货膨胀率。这里的关键在于，公司是否能按通胀率对其商品或服务定价，从而维持自身的购买力。在需求价格弹性较低的稳定性行业中，公司更有可能适用通胀率的影响，确保价格与通胀率保持一致。价格弹性衡量需求随价格变化而发生相应变化的程度。因此，即使价格上涨，市场也会维持对价格弹性较低的商品和服务的需求。

第三个变量是公司在具体预测期结束后的成长能力。确实有极少数公司能长期维持购买力，克服通货膨胀的负面影响而实现持续成长。但是在另一个极端层面，比如在衰退行业中，企业可能会出现负增长。在实务中，大多数公司介于这两种极端情况之间。

这里需要提醒的是，我们选择的持续经营价值估值法与市场隐含预测期之间是相互作用的。对持续经营价值的估计结果越高，分配给具体预测期部分的估值就越少。因此，正确处理持续经营价值对精确描述市场预期至关重要。

因此，我们建议采用永续法、考虑通胀率的永续法、考虑部分通胀率的永续法以及增长率下降的永续法估算这部分价值。下面，我们逐一介绍各种估值法。

永续法

永续法（Perpetuity Method）假设一家公司创造的收益率高于其资本成本，从而会吸引外部竞争，竞争会导致新投资的收益率在预测期结束时回归资本成本。在这种情况下，即使一家公司在预测期后继续扩大投资，也不会创造更多价值，因为新增投资的收益率仅能补偿资本成本。这样，在反映具体预测期结束后的现金流趋势时，我们可以假设，在预测期结束后，各年度现金流将维持不变。永续年金估值法大大简化了计算过程，因为我们无须再对各年度的现金流逐一进行贴现。[21]

要确定永续年金的现值，只须用期末预测的年度现金流除以资本成本即可：

$$永续年金的现值 = 年度现金流 / 资本成本 \qquad (2\text{-}5)$$

按照永续法，我们可将税后净营业利润或进行增量投资前的自由现金流除以资本成本，即可得到预测期结束后持续经营价值的现值：

$$持续经营价值的现值=税后净营业利润/资本成本 \qquad (2\text{-}6)$$

在这里，永续年金应采用税后净营业利润，而不是自由现金流，原因在于，增量投资支出的现值完全被其创造的现金流预期现值所抵消。

由于预测期后进行的投资不再影响价值，因此，持续经营价值计算只须考虑维持现有产能的投资。永续法假设，折旧费用等于维持现有产能的成本。这也是以税后净营业利润作为分子的另一个原因。

为说明这一点，我们不妨假设资本成本为8%，预测期最后一年的税后净营业利润为1.00美元。使用永续法（式（2-6）），持续经营价值应为1.00美元的税后净营业利润除以8%的资本成本，即12.50美元。

永续法假设，虽然企业在预测后的投资收益率仅能满足资本成本，但现金流增长低于通胀率。

考虑通胀率的永续法

与永续法不同的是，考虑通胀率的永续法（Perpetuity-with-Inflation Method）假设现金流将在预测后按通货膨胀率逐年增长。因此，该模型利用预测期末现值的计算方法对永续增长特征进行了简化处理。

$$\frac{考虑通胀率的永续法}{持续经营价值的现值} = \frac{税后净营业利润 \times (1+通货膨胀率)}{(资本成本-通货膨胀率)} \qquad (2\text{-}7)$$

那么，永续法和考虑通胀率的永续法有何不同呢？在这两种方法中，资本成本均包括预期通胀率。但是在永续模型中，作为分子的现金流并不是按通胀率持续增长。尽管未来现金流在名义上保持不变，但它们的真实价值在通胀率调整后必然会逐年下降。相比之下，在考虑通胀率的永续法模型中，现金流逐年按预期通胀率增长。因此，真实价值与通胀率同步增长，实际上相当于恒定不变。可以预见，在预期存在通货膨胀的情况下，考虑通胀率的永续法的估值将高于单纯的永续法。

我们不妨继续采用与上述示例相同的假设，在此基础上引入 2% 的预期通胀率。在考虑通胀率的永续法（式（2-7））中，税后净营业利润按通胀率增加，并在具体预测期第一年年末达到 1.02 美元。用这个 1.02 美元除以 6%（8% 的资本成本减去 2% 的预期通胀率），即可得到 17.00 美元的持续经营价值。[22]

在极个别情况下，我们可以预期一家公司不仅能维持相当于通胀率的增长速度，甚至增长速度可能会超过通货膨胀率，此时，我们可以用增长率代替通胀率。这将得到超过考虑通胀率的永续法的持续经营价值。但这种情况极为罕见，因而也建议慎用。

考虑部分通胀率的永续法

这种只考虑部分通胀率的永续法（Perpetuity-with-Partial-Inflation Method）假设，在预测后，公司将继续按大于零但低于完全通胀率的速度持续增长。估值模型基本与永续法相同，只是增加了一个附加变量 p，以反映公司增长速度与完全通胀率的相对水平。

$$\text{考虑部分通胀率的永续法} \atop \text{持续经营价值的现值} = \frac{\text{税后净营业利润} \times [1 + (p \times \text{通货膨胀率})]}{[(\text{资本成本} - p \times \text{通货膨胀率})]} \quad (2\text{-}8)$$

继续沿用前面的示例，即资本成本为 8%，预期通货膨胀率为 2%，预测期最后一年的税后净营业利润为 1.00 美元。现在，我们假设公司按通货膨胀率的一半水平对商品或服务进行定价。因此，模型中的变量 p 为 0.5。

在这种情况下，估值公式的分子为 1.01 美元（税后净营业利润 1.00 美元乘以通货膨胀率的一半），分母为 7%（资本成本 8% 减去预期通货膨胀率 2% 的一半，即 1%）。因此，按考虑部分通胀率的永续法（式（2-8）），得到的持续经营价值为 14.43 美元（1.01 美元除以 7%）。

通胀率下降的永续法

大多数企业终究要在某个时点走向衰落。视频租赁服务、纸质报刊以及摄影胶卷等行业就是这样的例子。如果我们预计估值对象将在预测期结束时进入衰退期，那么，在通胀率下降的永续法下（Perpetuity-with-Decline Method）只需把通胀率替换为下降率，我们即可使用与永续法相同的公式。

$$通胀率下降的永续法 = \frac{税后净营业利润 \times (1-下降率)}{(资本成本+下降率)} \qquad (2\text{-}9)$$

不妨假设一个行业预计将以 2% 的速度下降，且预测期最后一年末的税后净营业利润为 1.00 美元，资本成本为 8%。将 0.98（= 1.00 × 0.98）美元除以 10%（资本成本 8%+ 下降率 2%），即可得到 9.80 美元的持续经营价值。

至于哪一种模型更适合具体情况，这个问题显然没有一概而论的简单答案。总而言之，我们必须考虑公司在竞争背景下面对的通货膨胀和成长情况。因此，我们需要考虑的因素包括行业进入壁垒和实现颠覆性创新的风险。这也是我们将在第四章中讨论的话题。在实务中，我们认为，考虑部分通胀率的永续法可能适应大多数公司。

| 第三章 |

预期架构

预期投资法基于两个简单的观点：首先，我们可以解读股票价格，并评估它们所隐含的预期；其次，只有正确预见这些隐含在价格中的预期修正，才能获得超额收益。之所以采用贴现现金流模型解读预期，因为它本身就是市场对股票估值的方式。我们可以采用熟悉的经营性价值驱动要素表达价格隐含预期，包括销售增长率、营业利润率和投资增长率。

在下文中，我们将阐述预期修正或者说预期调整（expectations revision），并着重探讨如下两个基本问题：

（1）我们应在哪些领域寻找预期修正？

（2）是否所有预期修正的创建都是平等的？

这些问题的答案至关重要，因为它们也是获得有更高投资收益的关键。了解今天的预期是一回事，但了解它们未来将会如何及其对股东价值的影响完全是另一回事。我们现在不妨看看第一个问题。

预期架构

在逻辑上，经营性价值驱动要素是我们寻找预期修正的合理起点。而且在现实中，投资者和管理者也往往围绕各价值驱动要素设定搜索范围，以便于检验不同结果对股东价值的影响。但必须认识到，这种敏感性分析的重要性是有限的，毕竟，这种方法并未真正体现预期修正的基础。

不妨用一个简单示例解释其中的原因。假设根据价格得到的隐含预期营业利润率为15%。这样，敏感性分析就可以用一个利润率区间（如12%～18%）代替15%，以衡量营业利润率对股东价值的影响程度。但营业利润率假设的变化会引发更大的问题：这个利润率为什么会不同于当前预期？销售增长率预期的变化是否会促成这个预期？或者说，公司调整成本结构的积极性会远远超过投资者目前的预期？当然，这样的问题还有更多，毕竟，这些价值驱动要素会因诸多影响而发生变化。

要了解预期修正这个概念，我们首先需要认识到，在现实中，经营性价值驱动要素的变化是预期修正带来的最终结果，而不是它的根源。事实也证明，最有可能发生预期修正的环节，就是股东价值的基本组成部分：销售额、运营成本和投资。之所以把这些要素称为价值触发要素（value trigger），是因为它们会启动预期修正过程。重要的是，它们确实是投资者和管理者在思考和沟通中使用的术语。

但问题在于，价值触发要素的覆盖面过于泛泛，以至于无法直接关联到某个具体的经营性价值驱动要素。比如说，当一家公司的预期销售额增加时，可能会导致营业利润率发生变化，但也可能不会给营业利润率带来任何影响。此外，我们还需要采用一套分析工具，以系统方式发掘价值触发要素与价值驱动要素之间的关系。我们称之为价值因素（value factor），具体包括销售量、价格和产品组合、经营杠杆、规模经济、成本效率和投资效率等。

价值触发要素、价值因素和经营性价值驱动要素共同构成预期架构
（如图 3-1 所示）。现在，我们找到了开始搜寻预期修正的源泉：价值触发
器。在识别某个潜在变化之后，我们就要考虑哪些价值因素会发挥作用。
最后，我们即可把预期修正与价值驱动要素关联起来，并估算这些要素对
股东价值的影响。

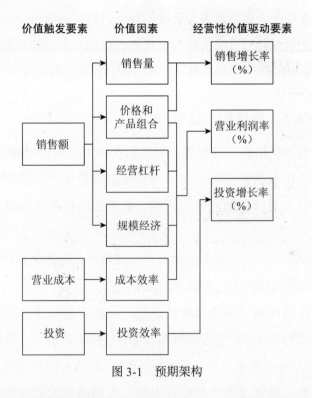

图 3-1　预期架构

预期架构以传统微观经济学原理为基础，指导投资者对公司的历史业
绩及预期业绩进行严格分析。此外，它还归集了各要素之间的因果关系，
从而为投资者提供了对所有能触发预期修正的因素进行准确评估的工具。
相反，大多数使用敏感性分析的投资者都无法感知这些动态。

下面，我们首先探讨预期架构的核心要素，并就各个价值因素逐一进行分析。

价值因素1：销售量

当针对销售量－价格－销售额组合的假设发生变化时，会带来销售增长率预期的修正。具体而言，销售量反映的是对商品或服务销售数量的预期修正。销量变化必然会带来销售额的变化，也可能会进一步影响到营业利润率。在这里，我们只需关注对销售额的影响，因为销售额对营业利润率的影响还要通过其他两个变量——经营杠杆和规模经济来实现。

价值因素2：价格和产品组合

销售价格和产品组合的变化会同时影响到销售增长率和营业利润率。销售价格的变化表明公司可以按不同价格销售单位产品或服务。要评估价格和产品组合对营业利润率的影响，需要把价格变化与成本结合起来考虑。

产品组合反映了高毛利和低毛利产品结构分布的变化。营业利润率到底是提高还是降低取决于产品组合如何变化。

固特异轮胎橡胶公司就是通过调整产品组合提高营业利润率的一个绝佳示例。固特异2015年的销售额较2011年减少28%，总销售量下降8%。但公司的同期营业利润却增长近50%，营业利润率也提高了6个百分点。成功的关键就是将产品组合中的低毛利商业轮胎换为高毛利优质轮胎。[1]

价值因素3：经营杠杆

公司在产品和服务正式上市前必然要支出大量资金。这些支出被称为产前成本（preproduction cost）。电力和化工等企业的产前成本主要体现为资产负债表中的有形设施和设备，这些支出在使用寿命内通过计提折旧转化为费用。而软件和制药等企业的产前成本主要为知识产权开发成本，这些支出大多直接计入费用，相比之下，它们在折旧性资产上的开支相对很少。因此，产前成本以及开发产品或服务所需时间的重要性因不同行业或企业而有所不同。

产前成本会减少企业创建初期的营业利润率，但它们随后带来的销售增长则会提高营业利润率。投资者和企业管理者通常把这种特征称为经营杠杆。产前成本发生的时点和幅度因业务而异。对主要依赖实物资产的公司而言，只要实际产量接近产能利用率，就需要通过新一轮产前成本维持增长。这些新增成本会给利润率带来下行压力。相比之下，知识型公司对有形资产的依赖性相对较低。但是为了避免产品或服务落后于市场，这些公司也需要追加开发成本，升级现有产品，并推出新产品。

那么，经营杠杆到底会如何影响经营利润率呢？假设一家公司上年度的销售额为1亿美元，税前营业利润为1 500万美元。此外，我们还进一步假设，在公司的全部8 500万美元营业成本中，产前成本占20%，即1 700万美元。由于公司在上年度往往完成一次大型产能升级，因此，公司在未来两年的产前成本保持不变，而其他营业成本对销售额始终维持68%的比例。

使用上述假设，我们可以计算公司在前两个预测年度的营业利润（见表3-1）。

由于经营杠杆的存在，公司的经营利润率从基准年度（0年度）的15%提高到第1年的16.55%和第2年的17.95%。

年度	0	1	2
销售额	100.00	110.00	121.00
产前成本	17.00	17.00	17.00
其他营业成本（占销售额的68%）	68.00	74.80	82.28
营业成本合计	85.00	91.80	99.28
营业利润	15.00	18.20	21.72
营业利润率	15.00%	16.55%	17.95%

表3-1　经营杠杆　　　（单位：百万美元）

价值因素4：规模经济

随着销售量的增加，企业可以按较低的单位成本完成采购、生产、营销、销售、配送和客户服务等基本任务时，就会出现规模经济。

规模经济的一个典型示例是"刷卡费"，即客户每次刷卡购物时，银行都要向零售商收取一定的费用，这笔费用占交易额的一定百分比。与小型零售商相比，沃尔玛、开市客（Costco Wholesale）和亚马逊等大型商家可以利用其规模向银行争取更低的刷卡费。[2] 此外，大公司还在广告营销方面拥有规模经济优势，因为更高的销售量不仅可以让它们争取相对更低的广告费，还能帮助它们接触到更多潜在客户。规模经济让大公司拥有小公司所无法比拟的成本优势，如果这种优势足够大，甚至可以阻止新的竞争对手进入市场，或是把现有竞争对手挤出市场。

但单纯追求市场份额和规模也不是万能解药。例如，西南航空公司和纽柯钢铁公司（Nucor）都拥有超凡的商业模式，并借此实现超过更大竞争对手的盈利能力。此外，在技术快速升级和客户需求不断变化的行业中，只追求销量增长的公司可能难以调整方向，顺应市场潮流。在很多情况下，市场领导者不仅会因官僚体系的束缚而故步自封，还会因为狂妄自大而错失良机。

大量的合并活动，导致目前超过 3/4 美国产业的集中度明显超过 20 世纪 90 年代后期。行业集中度的提高也顺势带动了它们的营业利润率。[3]

需要提醒的是，规模经济不同于运营杠杆。[4]规模经济是因产量增加而带来的效率改善，而经营杠杆则是由更大产量分摊固定产前成本带来的结果。因此，把规模经济误读为经营杠杆，或许会导致我们得出错误结论：即使在为满足市场需求而扩大产能时，公司的单位成本也会继续下降。

规模经济对投资者预期的重要性不取决于以往规模经济的大小，而是市场当前预期未能反映合理变化的程度。[5]

价值因素5：成本效率

与规模无关的成本效率也会影响到营业利润率。这种效率涉及原材料采购以及商品或服务的销售和配送等活动。公司可以通过两种基本方式实现成本效率：[6]降低每项业务活动本身的成本，或是重新对业务活动进行配置。

从事香蕉及其他农产品生产销售的金吉达品牌国际（Chiquita Brands International）就是一个实现成本效率的示例。因为这家公司拥有两万多名员工，因此，如何有效管理人力资源确实是一项重大的任务。近年来，公司采用了新的人力资源管理软件，使得这项业务活动的成本降低 30%。[7]

重新配置采购、生产、销售、营销或配送等业务活动，也会大幅改善公司的成本状况。在这方面，设计、开发和销售消费电子产品的苹果公司就是一个典型示例。苹果公司最早的产品是个人电脑，早在 20 世纪 80 年代，它们就已在美国市场推出个人电脑。但公司最成功的产品却是目前正在流行的 iPhone 手机。自 2007 年推出首款 iPhone 产品以来，苹果公司已建成了遍布全球的产品供应链。向世界各地的供应商采购手机零部件，甚至 iPhone 的整机组装业务也基本转移到中国。通过这些非增值性外包活动，苹果公司大幅降低了 iPhone 的成本，并在 iPhone 创造的总价值中获得更大份额。[8]

同样，实现成本效率的核心也不是削减成本的绝对规模，而是超过市场当前预期实现额外成本削减的潜能。

价值因素6：投资效率

如果公司能在维持销售额和营业利润不变的同时减少投资，那么，我们就可以认为这家公司实现了投资效率。[9] 例如，麦当劳主要以开设新店的方式实现持续增长。20 世纪 90 年代，这家公司开始以新的方式减少新店投资，包括建筑本身、土地和设备等的投资。1990 年，一家典型麦当劳餐厅的平均建设成本约为 160 万美元。1994 年，麦当劳开始简化建筑设计方案，通过占地面积较小的模块化建筑，将开店成本削减到 110 万美元。此外，公司还对设备进行标准化设置，在实现全球范围采购的同时，向主要供应商争取更低的市场价格。在这种情况下，新店的销售额和营业利润与旧店相同，但建造成本却降低了 30%。

从事全球食品饮料生产销售的亿滋国际（Mondelez International）则通过另一种形式实现投资效率——改善现金转换周期。现金转换周期是指公司把库存及其他资源投资转换为现金所需要的天数。2013 ～ 2020 年，亿滋国际的现金转换周期从 39 天变成了 −35 天，这意味着，它现在的购货方式居然是先向供应商收款，然后才付款。通过营运资金的有效利用，亿滋国际每年可释放超过 36 亿美元的资金。

并非对所有预期修正都应一视同仁

预期架构提供了一份解释销售额、营业利润率和投资的详细路线图。

此外，它还说明了，为什么以价值触发要素为起点，能最大程度地提高成功预测预期修正的概率。但我们仍要回答这样一个问题：是否应对所有预期修正一视同仁。答案毋庸置疑：不应该。要解释这个答案，我们需要考虑如下两个相互关联的问题：

（1）哪些因素的预期变化更有可能为投资者提供最优机会：销售额、成本还是投资？

（2）这些变化在何种情况下影响最大？

第一个问题的答案是显而易见的：销售额预期的变化最有可能带来有吸引力的投资机会。为什么呢？不妨回顾一下预期架构（见图3-1）。请注意，销售额会触发六个价值因素中的四个。仅此一项就足以令人信服，但我们还需考虑到，针对销售增长率预期的修正通常最为明显。而成本效率和投资效率造成的预期修正几乎总是较小的。但即便是价值驱动要素的变动幅度也不能说明全部，毕竟，我们最感兴趣的还是对股东价值的影响。

销售增长预期变化的重要性取决于公司是否正在创造股东价值。当新增投资收益率超过资本成本时，销售增长就会为股东增加更多的价值。如果收益率低于资本成本，那么，销售增长反而会破坏价值。最后，如果公司的收益率正好等于资本成本，那么，销售增长对股东价值没有任何影响。因此，销售增长既可能是好消息，也可能是坏消息，或是没有任何意义。

当新增投资带来的税后净营业利润现值超过新增投资时，这种业务增长就会带来价值增长。反之，税后净营业利润的增长又取决于预期的销售增长率、营业利润率和现金税率。因此，当销售增长率发生既定的预期变化时，给股东价值带来的最终影响取决于营业利润率。[10] 营业利润率越高，给股东价值带来的影响就越积极。但是要维持股东价值不变，公司就必须达到特定的营业利润率，这个实现盈亏平衡的利润率，就是所谓的"保底营业利润率"（threshold margin）或最低要求营业利润率。[11]

为解释保底营业利润率，我们不妨回顾第二章的"示例汇总"。上年度销售额为 1 亿美元，税后净营业利润为 11.25 美元。在此基础上，我们不妨对市场预期的一年预测期结果做如下假设：

销售增长率	10%
营业利润率	15%
现金税率	25%
投资增长率	25%

公司的资本成本为 8%，预期通货膨胀率为 2%，在这里，我们使用考虑通胀率的永续法计算持续经营价值（见式（2-7））。按上表中"营业利润率：15%"一栏的假设，我们计算出，这组假设所带来的股东价值增值为 1 269 万美元。在右侧一栏中，我们以 14.08% 的保底营业利润率代替 15% 的营业利润率，此时，股东价值增值降为零。[12] 如表 3-2 所示。

保底营业利润率揭示了四项原则，帮助你确定预期变化在何种情况下会影响股东价值：

（1）如果营业利润率的预期远远高于保底营业利润率，那么，销售增长预期的上调将导致股东价值大幅增加。销售增长预期的变化越大，股东价值增幅越大。

（2）如果对营业利润率的预期接近保底营业利润率，那么，销售增长率预期的修正给股东价值带来的增长相对较小。但也有例外：这些修正还可以通过调整销售组合、经营杠杆或规模经济，引发营业利润预期的上调。

（3）如果营业利润率预期明显低于保底营业利润率，那么，在不能被营业利润率或投资效率改善完全抵消的情况下，销售增长预期的上调会降低股东价值。

（4）投资增长率预期的上调会提高保底营业利润率，从而降低销售增长带来的价值增加。同样，较低的投资增长率则对应于较低的保底营业利润率。

营业利润率预期与保底营业利润率预期的差距越大，而且销售增长越快，销售增长率成为主导性触发因素的概率就越大。当销售额变化又触发价格和产品组合、经营杠杆以及规模经济等其他价值因素时，这个概率也越大。

表3-2 股东价值的增加——预期营业利润率与保底营业利润率

（单位：百万美元）

		营业利润率 15%	营业利润率 14.08%
年份	0	1	1
销售额	100.00	110.00	110.00
营业利润	15.00	16.50	15.49
减：现金税	3.75	4.13	3.87
税后净营业利润	11.25	12.38	11.61
减：增量投资		2.50	2.50
自由现金流		9.88	9.11
自由现金流的现值		9.14	8.44
持续经营价值的现值	191.25	194.79	182.81
股东价值	191.25	203.94	191.25
股东价值的增值		12.69	0.00

如果公司赚取的收益率接近资本成本，而且又不能受益于价格和产品组合、经营杠杆或规模经济，那么，销售额预期的修正可以忽略不计。在这些情况下，尽管对股东价值的绝对影响很小，但成本效率或投资效率变化依旧是导致股东价值变化的主要因素。

当预期发生变化时，根据预期架构，我们可以识别出创造新股东价值的潜在源泉。在预期投资法中，分析的起点和基础就是与六个基本价值因素及相应经营性价值驱动要素相关联的价值触发要素（见第五章到第七章）。

在下一章，也就是第一部分的最后一章中，我们将讨论影响基础价值触发要素的竞争事项。在完成这个部分之后，我们将拥有实施预期投资所需要的全部战略及财务工具。

本章小结

- 要获得超额收益，我们就必须提高正确预见出现市场预期修正的概率。
- 预期架构的基础是决定股东价值的基本价值触发要素、价值因素及相应的经营性价值驱动要素。这个架构将有助于我们识别和理解造成预期修正的原因及其带来的影响。
- 销售增长预期的修正是最有可能创造新投资机会的根源，但这个逻辑的前提是新增投资的收益率超过公司的资本成本。

第四章

分析竞争战略

证券分析的核心就是竞争战略分析。要成为预期修正的受益者，最可靠的方法就是预测公司竞争动态的变动趋势。这些变动会带来销售、成本或投资前景的变化，进而调整启动预期投资过程的价值触发要素。对投资者而言，竞争战略分析是他们确定预期修正方向的重要工具。[1]

竞争战略分析的双重目的

有关竞争战略的文献大多只涉及行动管理。但投资者完全可以按不同方式实施相同的战略工具。

管理层的目标就是通过收益率超过资本成本的投资创造价值。事实上，可持续的价值创造构成了竞争优势的标志。由于竞争优势直接来自公司战略自身的质量和执行情况，因此，公司可以利用竞争战略分析进行业务规划和决策。

投资者的游戏规则与管理层略有不同。当投资者正确预测市场对公司业绩预期的修正时，他们就会迎来超额收益。即便是最善于创造价值的公司，如果其股票的定价已充分反映公司的未来业绩，那么，投资者依旧不可能依靠这只股票获得高收益。正是这个原因，我们才会说，伟大的公司未必拥有伟大的股票。这就需要投资者以竞争战略分析为工具，对市场预期的修正进行预测。

历史分析

了解一家公司的历史业绩，可以让我们认识市场对这家公司有怎样的预期。我们可以看到哪些经营性价值驱动要素发生的变化最大。然后，利用预期架构和竞争战略分析，解读这些信息，跟踪造成相关要素发生变化的来源。此外，历史数据还为我们提供了客观的实证检验标准。如果市场预期某个经营性价值驱动要素会延续以往的表现，那么，我们就有充分的理由相信，这个环节最有可能发生预期修正。

预期架构与竞争战略分析的强强结合，可以充分突出影响经营性价值驱动要素的经济及战略因素。譬如说，一家公司可以以降低价格的方式，让客户分享成本节约的福利，从而推动销售量的增长。尽管降低价格会压缩成本节约增加的利润优势，但降价会带来销售量增长，因此，降价依旧是非常重要的经营策略。预期架构为投资者提供了一个考量各项要素之间因果关系的模型，而竞争战略分析则穿透数字表象，对公司的竞争环境进行深层次挖掘。表 4-1 列示出评估历史经营业绩时需要考虑的关键问题，并与特定的经营性价值驱动要素和价值因素相互关联。

表4-1 经营性价值驱动要素、价值因素和竞争战略分析

经营性价值驱动要素	价值因素	关键问题
销售增长率	销售量	■ 行业增长 ■ 市场份额 ■ 客户保留（流失）
	价格与产品组合	■ 价格变化 ■ 产品组合变化
营业利润率	价格与产品组合	■ 价格变化 ■ 产品组合变化
	经营杠杆	■ 产前成本 ■ 在投资周期中所处的阶段 ■ 投资的可分割性
	规模经济	■ 采购 ■ 生产 ■ 配送 ■ 学习曲线
	成本效率	■ 流程的再配置 ■ 技术 ■ 外包
投资增长率	投资效率	■ 技术 ■ 流程的再配置 ■ 营运资金管理

当然，历史分析的相关性会因公司不同而有所差异。对于不同的分析对象，历史分析的重要性在很大程度上取决于相关历史数据的完整性以及所在行业的稳定性。通常，可以利用的历史数据越多，分析的效果越好。通过大量的历史结果，我们可以对以往的行业周期、竞争态势及管理策略的有效性做出重要判断。

行业稳定性体现的是以往价值驱动要素的可靠性。对稳定性行业而言，未来可能会与过去一脉相承，因此，有关历史业绩的信息或许价值连

城。相比之下，在研究从事快速变化性业务或全新业务的公司时，历史业绩的实用价值就非常有限了。

竞争战略的评估框架

我们发现，可以从三个层面评估竞争优势的价值。首先是了解行业顶层特征来了解整体格局；其次是具体的行业分析；最后是融合市场特征与行业结构评估的行业吸引力。市场特征包括市场成长性、针对客户与供应商两个群体的供需基本面、创新率以及监管变更等。行业结构则体现为市场份额、进入和退出壁垒、垂直整合能力、替代产品的威胁、竞争模式以及行业盈利能力等。

竞争战略分析的最后一个层面旨在识别公司的具体优势来源。个别公司对整体行业吸引力的影响往往非常有限。另外，公司的业绩和竞争地位最终依赖于在产品质量、技术、垂直整合能力、成本定位、服务质量、定价能力、品牌识别和分销渠道重点等方面采取的战略。战略选择与执行能力相结合，决定公司未来的价值创造能力。在下文中，我们将对各个层面进行逐一探讨，并用相应的工具为分析提供指南。

认识行业格局

这个层面的分析旨在了解行业运行方式及其部分关键特征，包括盈利能力、行业稳定性以及外部力量的影响效应等。在这里，我们推荐以创建行业地图作为分析的起点。[2]行业地图的作用，就是帮助了解竞争架构以及决定当前和未来盈利能力的诸多要素。

我们把作为分析对象的公司置于行业地图的中间。常见的做法是把供应商置于公司左侧，客户置于右侧。尽可能纳入所有可能对企业盈利能力产生影响的公司。此外，最好按规模顺序列示这些公司，这样有助于对它们的市场地位一目了然。尽管我们很难清晰划定行业边界，但认识一家公司在更大范围内的位置，往往有助于我们提出关键性问题。

此外，通过创建行业地图，我们还有机会了解新竞争对手进入行业领地的可能性。现在，我们需要考虑的，是那些目前尚未出现但未来很有可能进入这个地图的潜在对手。

通过行业地图，我们可以理解公司之间经济往来的实质。比如不同经济实体的关系是基于契约，还是建立在信任基础上的尽最大努力，抑或是彻头彻尾的金钱交易？最后，我们还要评估其他可能影响企业盈利能力的因素，譬如劳资关系或地缘政治风险等。

图 4-1 是一个针对美国航空业的行业地图示例。

通过对价值要素进行汇总分析，我们可以从总体上认识一个行业的价值创造过程。[3] 在这个行业地图中，横轴代表的是企业规模，如销售收入或资产总量。纵轴为营业利润率与保底营业利润率的差额。如前所述，保底营业利润率是指公司为收回资本成本而需要实现的营业利润率。通过价值汇总分析，我们可以了解一家公司的规模到底有多大，以及它到底创造了多少价值。

图 4-2 是对 2019 年美国航空业进行价值汇总分析的一个示例。要真正把握行业本质的变化，最好在较长时期内进行价值汇总分析。在稳定行业中，各年度之间的价值变化非常有限，而价值的大幅变动则表明竞争优势有限。此外，在选择竞争目标时，应考虑能创造巨大价值的公司，尤其是大型公司。市场份额测试是判断行业稳定性的主要标准，[4] 该指标通常考察公司在相隔 3～5 年的两个时间段的市场份额，并据此计算市场份额在这两个时段间的平均变化幅度。表 4-2 是一个展现全球智能手机行业稳定性的示例。这个平均值越高，表明市场份额的变动越大，而这样一家公司拥有可持续竞争优势的概率就越小。

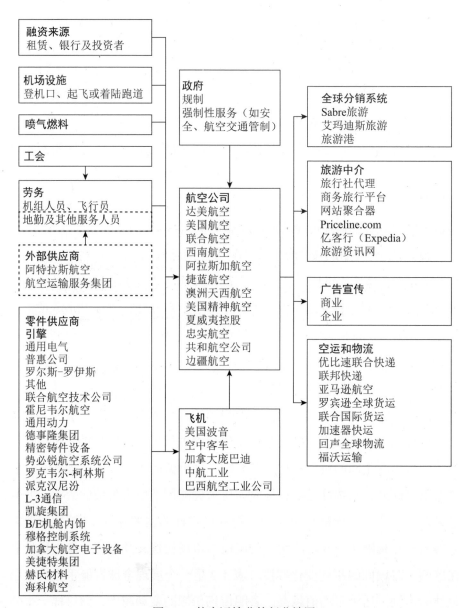

图 4-1　航空运输业的行业地图

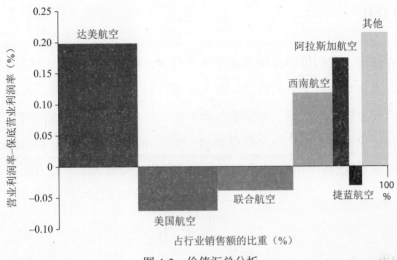

图 4-2 价值汇总分析

最后，还要考虑关税、补贴和法规等外部力量对行业盈利能力的影响。比如在 2019 年 12 月，美国恢复对从巴西和阿根廷进口的钢铁和铝征收关税，从而减少了进口供应，这一事件促使美国钢铁生产商的股价开始上涨。我们将在第十二章"预期机会的源泉"深入探讨这个话题。

在对行业格局获得全面认识之后，我们即可把注意力转向塑造行业特征的诸多因素。

表4-2 市场份额测试

智能手机（按全球销售量计算）	2014（%）	2019（%）	5 年绝对变化（%）
三星	24	20	4
苹果	15	13	2
联想	7	3	4
华为	6	16	10
小米	5	8	3
LG	5	2	3
其他	38	38	0
总计	100	100	
平均绝对变化率			4

资料来源：Counterpoint Global.

行业分析

在这里，我们推荐以两种理论作为行业分析的基本指南，这两个理论模型均来自哈佛商学院的教授。首先是迈克尔·波特（Michael Porter）著名的"五力模型"框架，该模型有助于定义行业结构，尤其适用于竞争地位分析（见图4-3）。[5] 其次是克莱顿·克里斯坦森（Clayton Christensen）提出的颠覆性创新模型，它可以帮助我们预测公司遭遇破产的风险。

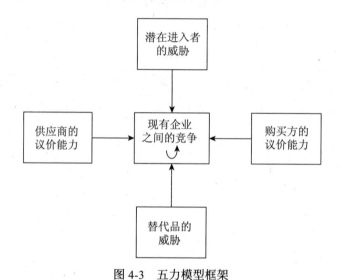

图4-3 五力模型框架

资料来源：*Competitive Strategy*：*Techniques for Analyzing Industries and Competitors* by Michael E. Porter. Copyright © 1980 by The Free Press. Reprinted with the permission of The Free Press, a division of Simon & Schuster, Inc. All rights reserved.

五力模型

行业结构是塑造市场竞争游戏规则以及企业竞争战略的主要因素。五力模型分析适用于大多数行业，尤其是具有如下三个特征的行业：

- **有明确的行业界限**。在这些行业中，我们很容易界定收购方、供应商和竞争对手。
- **具有成熟且相对可预见的运营模式**。行业处于相对稳定状态。
- **依赖有形资产**。有形资产是这些行业创造价值的核心。

迈克尔·波特认为，五种力量相互结合，共同决定一个行业的价值创造能力。他强调，尽管这种潜力因不同行业而有所差异，但决定个别公司可持续竞争优势的根本还是它们所选择的战略。下面，我们逐一探讨这五种力量。

- **替代品的威胁**是指替代性产品或服务的存在性以及潜在买家转而选择替代产品的可能性。如果企业的产品价格缺乏竞争力，而且竞争对手能提供可比产品，那么，企业就会面临替代威胁。替代产品会限制公司可收取的价格水平，从而限制了潜在收益率的上限。
- **买方力量**是指产品或服务购买方拥有的议价能力。它取决于买方集中度、转换成本、信息水平、替代产品以及产品对购买方的重要性。与信息不完整的分散性买家相比，掌握更多信息且实力更强大的购买方对供应商的影响也更大。
- **供应商力量**是指供应商在价格、质量和服务等方面影响客户的能力。如果一个行业不能把价格上涨带来的压力从实力强大的供应商转嫁给客户，那么，该行业注定没有吸引力。如果供应商的集中度高于客户所在的行业，而且不会受到替代品的压制，或者产品有较高转换成本，那么，供应商拥有比客户更有利的地位。此外，如果所服务行业占其总销售额的比重较小，或者产品对购买方至关重要，那么，供应商也拥有比客户更有利的地位。与向分散性买家群体出售差异化产品的卖家相比，向少数集中性客户出售商品的卖家要面对更艰难的处境。

- **进入壁垒**决定了新竞争者进入一个行业的难度。这些壁垒可能包括进入行业的必要资本水平、知名品牌的实力、客户忠诚度、获得分销渠道的难易程度、规模经济、更换供应商的转换成本以及政府规制等。

- **现有企业之间的竞争**是指公司在价格、服务、保修、新产品推出和广告营销等方面的竞争程度。激烈的竞争会让一个行业的所有参与者丧失吸引力。影响业内竞争水平的因素包括行业成长性、产前成本的相对规模以及产品的差异化水平。处于成长阶段的行业往往具有相对缓和的竞争水平，因为在这些行业中，所有参与者更强调与行业实现共同成长，而不是通过你争我夺在零和游戏中占据上风。产前成本较高的行业通常会面对更激烈的竞争，因为企业有足够动力通过增加产量来收回成本。在几乎不存在产品差异的领域，更有可能爆发基于价格和服务的竞争。

在上述五种力量中，对两种力量有必要做进一步讨论——进入壁垒和企业之间的竞争水平。

竞争永远是动态的，因此，了解行业的进入和退出模式至关重要。[6] 评估潜在威胁的起点，就是对进入和退出行业的现实状态进行分析。新兴行业的进入和退出频率总体上高于传统行业，但经验告诉我们，进出所有行业的活跃性都远超过公司高管或投资者的想象。

新的挑战者在决定是否要进入一个行业时，首先要对现有企业的预期反应进行判断。在预测现有企业的排斥程度时，他们需要考虑的具体因素包括资产的专属性、最低有效生产规模的水平、产能过剩情况以及现有企业的声誉等。[7]

经济学家一直以为，现有企业对资产的投资规模决定了它们会对挑战者做出何等反应。但是，他们随后又逐渐意识到，决定这种反应的关键，是现有企业的资产在市场中的专用性如何。如果这些资产仅适用于某个具体市场，那么，现有企业必定要不遗余力地维持现有地位，排斥挑战者。

资产专用性体现为归属专用性（公司为提高收益效率而把资产置于客户使用地）、有形专用性（公司根据具体交易特征对资产进行调整）、专门性资产（公司取得资产仅用于满足特定买家的需求）和人力资本的专用性（公司为服务具体客户而为员工提供的特殊能力或知识）。[8]

在大多数行业，单位成本都会随产量的增加而下降。但是在单位成本降低到某个水平时，即使产量继续增加，单位成本也不会继续减少，此时，公司进入规模收益不变阶段（constant returns to scale），也就是说，包括固定成本和可变成本在内的所有成本都会与产量同比增长。这就引申出最低有效规模（minimum efficient scale）的概念，即公司为实现单位成本最小化而必须达到的最低生产量。根据这个指标，行业的新进入者可以判断，要取得竞争地位并创造价值，他们需要投入多大规模的前期投资，必须达到多大的市场份额。

还有最后两个因素——产能过剩情况和现有企业的声誉，它们对潜在竞争对手的影响较为直接。如果一个行业存在过剩产能，那么，进入者只会继续增加产能，从而导致价格下降。至于现有企业的声誉——无论现有企业的市场形象是维护公正、以顾客为先，还是诚信守诺，都会影响到潜在进入者的决定。

此外，进入者还要评估进入一个行业的预期收益率，如果现有企业拥有不可逾越的优势，那么，新进入者必将无法取得有吸引力的回报。这种优势包括预先约定的契约、许可权和专利权、学习曲线收益、网络效应以及退出成本等。

对原材料的垄断使用权、与客户签订的长期合同以及维持行业最低价格所需要的可信承诺，都属于预先约定的契约。取得许可证的高成本会阻碍新对手进入市场，而专利权为现有企业在特定时期内提供的保护，同样会限制新对手的加入。

在有更多人使用现有企业的商品或服务时，需求增加会推高这些产品或服务的价值，从而出现网络效应。一旦某个网络占据市场主导地位，新的挑战者就很难吸引到客户。微软的个人计算机操作系统、社交媒体行业的 Facebook 以及拼车平台优步就是最典型的示例。

新进入者必须权衡成功的机会和退出的成本。退出障碍取决于投资的规模以及持有资产的特殊性和专用性。较低的投资需求以及通用性较高的资产，对应较低的进入壁垒和退出障碍。行业内现有企业之间的竞争则是多种要素相互作用的结果，包括这些企业之间的合作程度、交易目标的同质性、需求的可变性以及行业的成长性等。

在大多数行业，现有企业之间的关系都会在"合作"与"欺骗"之间摇摆不定。这个概念源于博弈论——它研究的对象是两个或多个参与者出于自身利益而进行的策略性互动。当行业参与者通过框架合作协调价格和产能增加等变量时，它们之间就会出现合作，但这种合作并不是业务的显性常态。另外，如果一家公司能降低产品价格或增加产能，从而增加在行业总利润中占有的份额，而其他公司却无法做到这一点，此时就会出现作弊。理解同业竞争的核心，就是评估每家公司在合作与作弊之间的权衡。最大限度的合作会带来最小限度的作弊和最有吸引力的经济收益。而惨烈的竞争则让公司与高收益无缘。

竞争对手目标的同质性也是必须评价的基本要素。在不同公司具有相似的目标、规划期间、激励计划、所有权结构和企业理念的行业中，竞争往往趋于缓和。但这种情况在现实中极为少见。我们不妨想象一个由上市公司、私人企业或是私募控股公司构成的行业。在这个行业内，不同竞争对手有不同的财务目标、时间规划和激励结构，必然会形成不同的经营策略和竞争战略。

行业商品或服务的市场需求变化同样至关重要。在市场需求变化较大时，行业内的各公司之间很难开展有效的内部协调，外部协调更无从谈起。需求变化大及固定成本水平相对较高的行业尤其如此，因为即使是在需求高峰期，也有可能出现过度投资的风险。当行业进入周期底部时，产能过剩必然会带来业内的激烈竞争。

在快速发展的行业中，公司完全可以在不削弱竞争对手的情况下创造股东价值。而停滞不前的行业则类似于零和游戏，也就是说，公司增加价值的唯一方法，就是夺取其他公司的价值。在这种情况下，行业内竞争的加剧往往会伴随着行业增长的减速。

颠覆性创新模型

已故管理大师克莱顿·克里斯坦森最早提出"颠覆性创新"（disruptive innovation）模型，为预测市场预期的变化提供了新的理论基础。[9]该模型揭示出行业龙头企业遭遇失败并导致预期明显恶化的模式。它尤其适用于以下类型的公司：

- **领先企业**。这些公司过度关注当前市场的需求和当期收益。这些长期沉淀而成的惰性和利益动机，往往会导致它们错过重大技术变革的机会。
- **组织高度集中化的公司**。集中决策机制往往会让它们对正在出现的颠覆性技术视而不见。

- **依赖有形商品的公司。** 如果产品难以从实体形态转化为数字形态，公司就很难实现技术创新。

克里斯坦森认为，尽管伟大的企业管理者会根据普遍接受的管理原则做出理性决策，但很多公司依旧难逃失败命运，丧失行业领导地位，并最终陷入困境。他的观点基于以下三个现实。

首先，持续性技术和颠覆性技术有着截然不同的特征。持续性技术会促进产品的改进。这种改进可以是渐进的，也可以是非连续性的，甚至可能是激进性的。但所有持续性技术的影响最终局限于一个确定的价值网络。对于价值网络（value network），克里斯坦森将其定义为"企业识别并响应客户的需求、解决问题、获取资源、应对竞争对手并争取利润最大化的环境背景"。[10] 而颠覆性技术则为市场提供了一个完全不同的价值主张。

对于建立在颠覆性技术基础上的产品而言，它们最初或许只能吸引少数有特殊需求的顾客，这些顾客看重的是价格更低、尺寸更小或是使用更便利等特性。还有一部分颠覆性技术来自边缘性市场，也就是业内现有企业尚未关注或顾及的新市场或刚刚出现的细分市场。克里斯坦森发现，在最初的短期内，颠覆性技术的表现通常不及现有产品。因此，在发展早期阶段，领先企业往往会轻视、忽略甚至拒绝接受颠覆性技术，这也就不足为奇了。

其次，技术进步的速度往往超前于市场需求的发展。为迎合客户，成熟企业往往习惯于过度满足市场需求——也就是说，它们提供的服务已超过客户的实际需要，以至于造成客户不愿购买。这就为颠覆性技术被市场接受提供了契机，尽管这些技术在目前可能还不能满足大多数用户的需求，但它们在性能上的改进，注定会让它们在日后更有竞争力，并最终全面碾压现有技术。

最后，成熟企业忽视颠覆性技术似乎情有可原，毕竟，颠覆性产品最初的利润率较低，服务于边缘市场或是新兴市场，还没有被公司最赚钱的客户所接受。因此，无论是客户的声音，还是公司执行的常规性财务要求，都会让成熟企业容易忽视颠覆性技术。

当然，公司不应忽略客户的声音。但公司不仅要满足客户当下的需求，还要预见他们明天的需求。有的时候，客户自己也不知道他们到底需要什么样的产品或服务。考虑到颠覆性技术更有可能为未来客户提供解决方案，因此，公司在把握现有解决方案的同时，需要随时关注未来潜在的有效方案，这种平衡至关重要。毕竟，今天有效的解决方案或许马上就会过时。正如英特尔的传奇 CEO 安迪·格鲁夫（Andy Grove）所言，"只有偏执狂才能生存"。[11]

电影租赁业务就是颠覆性技术的一个典型示例。[12] 在 20 世纪 90 年代后期，百视达音像公司（Blockbuster Video）成为电影家庭播放租赁行业当之无愧的领头羊。在 21 世纪初期，这家公司依旧经营着 9 000 多家门店，公司市值高达 50 亿美元。百视达音像的运营模式是为顾客提供固定时间段的租借电影服务，超过期限就会向顾客收取滞纳金。据报道，百视达音像仅在一年就赚到了 8 亿美元的滞纳金，占公司总收入的 15% 以上。[13]

而创建于 1997 年的奈飞（Netflix）则在几个重要方面改进了客户主张，包括为顾客提供配送 DVD 方面的便利性，超期后不收取滞纳金。2007 年，奈飞率先推出了流媒体服务，这就消除了处理物理光盘的人工劳动，并最终开始制作独创内容。由此，奈飞彻底重新定义了游戏规则，并推出了全新的价值网络。截至 2020 年，奈飞的市值已达到 2 000 亿美元，而百视达音像则在 2010 年宣告破产。

颠覆性技术促使投资者降低了对某些知名公司的预期，与此同时，又缔造出一批新的、更有价值的公司。例如，笔记本电脑制造商因智能手机的推出而遭受重创。因此，我们应随时警惕新价值网络的出现，关注它们可能改变市场预期的任何蛛丝马迹。

五力模型是我们认识行业层面盈利驱动因素的有效工具，而颠覆性创新模型则有助于对当下面对的潜在威胁进行评估。不过，我们最终的目标是了解个别公司可能出现的预期修正。为此，我们需要把考察的焦点转移到公司的相对竞争地位上来。

预见对手的举动

如果你正在考虑建立一个新的造纸工厂，那么，你就应该根据经济增长的某些假设制定决策……但我们似乎从未考虑过竞争对手的反应。还有其他对手也会在这个时候创办造纸厂或造纸设施吗？

——国际纸业公司首席财务官[1]

你不可能凭空去评估一家公司的行为，因为每家公司都会针对对手的举动做出反应。博弈论是我们考虑行业内竞争态势的一种有效工具，它尤其适用于如下两个方面：周期性业务的定价及产能增加决策。[2]

与那些存在价格竞争的行业相比，对产品进行合作定价的行业会拥有更大的利润空间。阿里巴巴旗下的快的打车和腾讯部分拥有的滴滴打车是两家中国最大的专车服务平台，它们之间的交易就证明了这一点。2014年初，滴滴打车通过降价和补贴等方式迅速抢占市场份额。快的打车也不示弱，立即采取了相同对策。这两家竞争对手在不到6个月的时间里在市场投入3.25亿美元，导致行业整体利润大幅降低。同年6月，两家伤痕累累的对手不得不做出让步，同意恢复到价格战之前的市场格局。两家公司最终于2015年合并，毫无疑问，此举会有助于改善市场的理性运行。[3]

另一个例子就是在行业周期性高峰时增加产能的决策。如果一家公司增加产能，而其他竞争对手没有增加产能，那么，前者就会获得可观的增量利润。反之，如果一家公司没有追加投资，而竞争对手则通过投资增加了产能，那么，这部分增量利润则属于竞争对手。但是，如果所有参与者都增加了产能，最终的结果就是无人受益，当下一轮周期性衰退到来时，没有人会幸免于难。

因此，公司对竞争对手行为的反应会给预期修正带来重大影响。

① "Stern Stewart EVA Roundtable," *Journal of Applied Corporate Finance* 7, no. 4 (Summer 1994): 46–70.

② Adam M. Brandenburger and Barry J. Nalebuff, *Co-opetition*: 1. *A Revolutionary Mindset That Combines Competition and Cooperation*. 2. *The Game Theory Strategy That's Changing the Game of Business* (New York: Doubleday, 1996).

③ Charles Clover, "China's Internet Giants End Expensive Taxi App Wars," *Financial Times*, August 17, 2014.

公司如何创造价值

针对公司应如何创造新的价值，战略学教授亚当·布兰登勃格（Adam Brandenburger）及哈伯恩·斯图尔特（Harborne Stuart）提出了一种非常具体而且极富说服力的框架。[14] 他们提出的价值创造公式简单易懂。

$$新创造的价值 = 支付意愿 - 机会成本 \tag{4-1}$$

上述公式表明，公司新创造的价值等于通过提供产品或服务获得的价值扣除产品或服务成本（包括资本的机会成本）后的差额。

有些定义可以帮助我们解释这个问题。我们不妨从支付意愿开始。假设有人送给你一把新网球拍。如果你喜欢打网球的话，这个球拍对你来说当然就是有价值的。我们再设想另一个场景，同样是这个人，在送给你新网球拍之后，每天从你的银行账户中提走一点钱。这笔钱是你为获得球拍而付出的最大代价，或者说，你觉得放弃现金换取球拍不会给自己带来任何影响，那么，这个金额就是你愿意支付的金额。如果能按低于支付意愿的价格购买产品或服务，那么，你就获得消费者剩余（consumer surplus）。

机会成本则是支付意愿的另一面。假设你自己到商店购买一只网球拍。那么，机会成本是商店愿意放弃球拍而收取的最低价格，或者说，商店不会因放弃球拍并收取现金而受到负面影响。

由此可以得到公司创造价值的两种基本方式。在第一种方式中，公司需在维持成本竞争力的前提下，提高客户的支付意愿。这就是通常所说的差异化战略。按照这种策略，创造价值的基础在于公司拥有向顾客收取更高价格的能力。

第二种方法是在维持必要价格的基础上以更低的成本提供商品或服务。这是一种低成本战略。这种成本优势既可以来自运营成本的降低，也可以是资本使用效率的提高。事实上，很多颠覆性创新的成功是建立在降低成本和资本需求的双重基础上。图4-4对上述策略进行了总结，其中也包括客户支付意愿高于平均水平和成本低于平均水平的罕见模式。

到此为止，我们已认识到公司怎样才能增加价值、建立竞争优势，现在，我们需要逐一探讨公司超常业绩的源泉。为此，我们不妨回顾一下迈克尔·波特的观点。

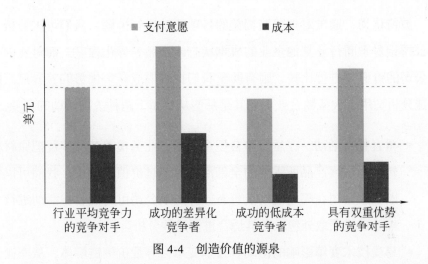

图 4-4　创造价值的源泉

资料来源：Pankaj Ghemawat, *Strategy and the Business Landscape*, 4th ed.（New York：Ghemawat Publishing，2017），51. 经作者许可使用。

价值链分析

迈克尔·波特最早推出并普及了价值链分析（value chain analysis）的概念。在此分析中，我们需要把企业视为"为设计、生产、营销、交付和支持产品等各项活动的集合。"[15] 琼·玛格丽塔（Joan Magretta）曾与迈克尔·波特在研究和创作等方面密切合作，对波特的研究成果做出了简洁透彻的总结，在自己的书中曾写道："活动是各种离散性的经济职能或流程，如管理供应链、运营销售团队、开发产品以及向客户交付产品。"[16]

波特和玛格丽塔认为，如果只在整体层面上认识工作职能或是一家公司，那么，我们就无法真正地了解竞争优势。相反，我们必须分析公司为最终交付商品或服务而实施的这些离散性的具体活动。每一项具体活动都会提升或削弱公司创造和维持竞争优势的能力。

波特认为，通过对与战略相关的各项活动进行分解，我们可以分析一家公司相对于同行业其他企业的成本状态或产品差异化程度。而对业内多家公司的价值链进行比较，则有助于我们找到形成竞争优势的差异点。价值链分析适用于大多数企业，尤其是那些从事如下两种关键活动的企业。

- **垂直整合活动**。在垂直整合型企业中，业务覆盖范围涉及把原材料转化为最终产品所需要的全部活动。通过价值链分析，我们可以判断一家公司在哪些活动上更有效。如果公司可对低收益活动进行大幅改进或采取外包，尤其适合进行这种分析。
- **易受技术变革影响的活动**。技术变革会导致价值链解体，从而让公司专注于少数专业性活动。对依靠个别离散活动实现盈利的垂直整合型企业而言，要面对从事特定活动的专业企业的挑战。

按照图 4-5 所示的价值链，我们可以把公司业务分解为具有战略相关性的个别活动，并根据每一项活动将目标公司与业内其他公司进行比较。

按照玛格丽塔提出的一系列方法，可以利用价值链概念揭示公司竞争优势的诸多潜在来源。

- **公司与所在行业进行比较**。了解公司的活动配置情况与行业整体情况相比如何，寻找可能反映竞争优势或竞争劣势的差异点。如果一家公司的价值链与同行高度相似，那么，它就有可能忙于迈克尔·波特所说的"争做最佳"，这无疑是一条通往业绩衰落的道路。
- **识别价格驱动因素或差异化来源**。要创造出超凡的价值，公司就需要以不同的方式实施业务活动，或是转向完全不同的业务活动。这需要权衡取舍，毕竟，选择一条战略路径，就有可能需要放弃另一条战略路径。价值链的任何环节都会带来差异化。

- **识别成本驱动因素**。估计与每项业务活动相关的成本。寻找公司与竞争对手在成本结构上的差异。通过辨识带来成本优势或劣势的具体驱动因素，可以为我们带来宝贵的洞见。

图 4-5　价值链

资料来源：Joan Magretta，*Understanding Michael Porter：The Essential Guide to Competition and Strategy*（Boston，MA：Harvard Business Review Press，2012），76. 经许可使用。

玛格丽塔认为，价值链思维会给我们带来一系列重大后果。首先，不再把业务活动完全视为成本，而视为最终产品或服务创造价值的必要步骤。这样，我们就可以把价值链与为客户创造价值的活动匹配起来。其次，这种分析迫使我们不再把眼光拘泥于个别公司，而是放眼一个覆盖其他实体的更大的价值体系。例如，亚马逊等电子商务平台依赖的是按时交付能力。因此，它们就采取相应活动，确保所委托的承运人保质保量地完成交付任务。

通过上述分析，我们将对目标公司获得一套总体认识——包括所在行业的态势、公司的盈利能力、遭遇颠覆性技术的风险以及潜在竞争优势来源等。通过这些评估，也会为我们判断公司会达到、错过还是超越隐含在股价中的财务业绩预期提供依据。

信息经济

近几十年来，很多公司的主要投资形式已从有形资产转向无形资产。这会影响投资在财务报表中的表示方式，而且需要了解实物商品和知识商品之间的区别。在《信息规则》（*Information Rules*）一书中，两位经济学家卡尔·夏皮罗（Carl Shapiro）和哈尔·瓦里安（Hal Varian）以令人信服的观点指出，经典的基本经济原理足以对信息经济做出解释。[17]这里的一个关键点是，和基于有形资产的公司相比，依赖知识资产的公司拥有完全不同的特征。这就需要我们以不同的方式去认识和评价它们。

在本节中，我们将探讨知识经济的某些特征，并介绍两个有助于我们认识这种经济形态的模型。几乎在所有情况下，这些模型与我们之前讨论的框架都是一致的。针对信息商品，如下是需要我们着重考虑的部分属性。

- **前期成本较高，增量成本较低**。很多知识产品的早期开发成本非常高。但是，一旦转化为数字形式，这些产品的复制和发送成本就会大幅减少，甚至可以忽略不计。以软件商品为例，微软每年的研发支出高达数十亿美元。但它们复制和发送软件商品的成本却非常低。这样，微软即可享受"收益递增"的优势。[18]实际上，在每一笔产品销售业务中，每1美元的收入都会给知识型公司带来收入和现金流的增加。因此，知识型公司在一定时期内的收益趋势是递增、而非递减。

- **网络效应**。当产品或服务的价值随着使用者的增加而增长时，就会出现网络效应。以优步为例，这是一家对乘客和司机同样具有吸引力的专车服务企业，而这种吸引力的来源，就是有很多乘客和司机聚集在这个平台上。在任何细分市场上，用户的好评都会让某个网络成为市场主宰者。因此，随着赢家通吃的市场逐渐形成，行业利润开始向主导者转移，市场的可变性也随之增加。此时，市场对赢家的预期持续升温，而对输家的预期自然随之降温。

- **锁定**。一旦客户对既定产品形成用户技能，或是为一种产品设定公司标准，即使竞争对手推出产品性能更好或价格更低的产品，他们也不会毫不犹豫地进行产品转换。在这种情况下，我们就认为，公司"锁定"了这些客户，即使升级产品的利润空间更大，客户也会心甘情愿地接受现有产品，而不是转向其他来源购买替代品。夏皮罗和瓦里安提出了多个"锁定"示例，包括针对具体品牌的使用培训以及顾客忠诚度计划等。[19]

我们接下来介绍的模型出自本·汤普森（Ben Thompson），作为博客 Stratechery 栏目的创始人及作者，他的关注点是科技行业的战略问题。汤普森提出的聚合和平台理论，可以帮助我们解释科技媒体行业的企业竞争定位问题。以下是我们对这些理论的简要总结。

- **聚合理论**。聚合器是指整合来自供应商的大量内容并为用户提供可便捷访问内容的公司。谷歌就是一个典型聚合器的例子。只要在谷歌上搜索，它就会列示出所有满足查询内容要求的网站链接。本·汤普森总结出成功聚合器的三个基本特征：它们都拥有与用户的联系，为新用户提供同样服务的边际成本为零（或非常低），获得新用户的成本会因为积极反馈而下降。聚合器的其他典型范例还包括奈飞、爱彼迎和亚马逊。

- **平台公司**。平台公司有利于培育和维护第三方供应商和最终用户之间的关系。典型的平台示例就是 Shopify，这是一个服务于商业门店的电子商务平台，并为商业门店提供零售销售点的系统。尽管 Shopify 不直接与平台商家的客户打交道，但它为这些商家提供了在市场上有效经营所需要的工具。正是这个平台让这些企业共同创造了一个生态系统，并从中分享价值创造中的一小部分。平台的其他示例包括 Stripe、微软的 Windows 生态系统以及亚马逊网络服务等。

聚合器所固有的规模经济效应，会形成让对手无法逾越的进入壁垒。另外，平台已成为生态系统不可或缺的一个组成部分，从而为用户创造了巨大的转换成本。尽管很多此类公司大量投资于无形资产，但这绝不会改变行业驱动要素以及竞争优势特定来源的重要性。

在数字领域，客户正在越来越多地采用订阅这一全新的方式来满足他们层出不穷的需求和愿望。以前，我们会把纸质照片塞进鞋盒里，但是现在，我们可以订阅服务，把数字格式的照片存储到 iCloud Photos。曾经在电影院里度过的时间也开始被遥控器和奈飞的订阅服务所取代。公司以前会购买预制打包软件，但是现在，它们可以通过订阅软件即服务（SaaS）平台满足自己的需求。

市场营销学教授丹尼尔·麦卡锡（Daniel McCarthy）和彼得·法德尔（Peter Fader）将他们开发的估值模型称为"基于客户的公司估值"（customer-based corporate valuation，或简称为 CBCV）。[20] 这种模型通过对客户关系的经济学价值进行分析，对公司进行自下而上的估值。一家客户的价值是指在客户生命周期内创造的现金流现值与获取客户成本的差额。在这里，现金流对应收入扣除全部相关成本后的净额。客户保留率通常表示为流失率，即在特定时期内停止使用公司产品或服务的客户占全部客户的百分比。

客户终身价值（customer lifetime value）的概念已出现了数十年。CBCV的主要贡献就是能准确预测销售额的增长。这一点非常重要，因为销售增长率通常是最重要的价值驱动要素。在 CBCV 分析中，我们需要通过客户获取模型来了解新客户增加的速度，使用客户保留模型了解这些客户维持活跃购买状态的时间，使用购买模型了解客户实施购买行为的频率，并通过模型了解他们在交易中的购买金额。[21] 大多数公司不会披露这么详细的信息，但是在很多情况下，我们可以根据有效信息对这些数据进行合理估计。

麦卡锡和法德尔首先使用这些模型建立收入预测，在扣除相关成本后即可得到自由现金流。从本质上说，他们的估值模型仍以传统的贴现现金流为基础。我们之所以在信息经济学的范畴内讨论这些概念，是因为常见的处理方式，就是把客户获取成本纳入到利润表的费用项目中。营销费用和免费试用成本就属于此类成本。

虽然可以使用 CBCV 模型估算一家公司的价值，但我们认为，它是一种更强大的预期投资分析工具。通过公司的股票价格，我们可以确定，需要哪些关键客户指标才能证明现行价格是合理的。反过来，客户业务的经济效益在很大程度上取决于公司所处的行业及其战略地位。

预期投资的内涵不只在于经营性价值驱动要素的预期变化，它还通过预期架构与竞争战略分析的结合，帮助投资者合理判断如何寻找潜在的盈利机会。

本章小结

- 预测预期修正最可靠的方法，就是预见公司竞争态势的变化。
- 管理层和投资者有不同的业绩标准。管理层要获得超过资本成本的收益，而投资者则要合理预测市场预期的变化。
- 通过历史业绩和行业格局，可以看到哪些经营性价值驱动要素的历史变动最显著，以及行业态势的稳定性如何，从而为我们认识价值驱动要素的潜在变动性提供洞见。这种分析对市场预期的分布范围进行了实证检验。

- 五力模型有助于揭示影响行业盈利能力的驱动要素，而颠覆性创新模型则揭示了企业面对的潜在机遇和挑战。

- 如果客户的支付意愿超过公司的机会成本，一家公司就会据此创造价值。如果拥有超过平均水平的支付意愿（差异化）、低于平均水平的成本（成本优势）或者两者兼而有之，公司就可以获得竞争优势。价值链分析有助于识别优势的具体来源。

- 尽管经济规律从未改变，但我们必须认识到，实体型企业和知识型企业有着完全不同的业务特征。

第二部分

EXPECTATIONS INVESTING

预期投资法的实施

第五章

如何估计价格隐含预期

要获得超额投资收益，投资者就必须合理预测股市预期的变化。但是在考虑预期修正的发生概率和幅度之前，首先要明确当前的预期状态。

我们不妨问问某个普通投资者：是否有兴趣了解市场预期，他们肯定会毫不犹豫地回答——"当然了。"但如果问他们是如何解读市场的，他们或许会搬出一大堆短期收益率或市盈率之类的数据。这些投资数据似乎无处不在，但它们根本就不能从经济视角合理反映当前的预期状态，毕竟，它们与股东价值之间并不存在稳定的关联性。

只有从市场的角度出发，我们才有可能合理解读隐含在股价中的市场预期。 在这方面，长期贴现现金流模型最能揭示股票市场的定价机制。但投资者完全有理由认为，预测远期现金流是有风险的。诚然，长期预测的可靠性很难保证，而且这种预测往往会夹杂着投资者的潜在偏见。正如沃伦·巴菲特所言，"预测通常只会让我们对预测者有更多了解，而不是对未来。"[1] 既然如此，我们该如何把握未来呢？

理想的解决方案应该是我们既能合理使用贴现现金流模型，又无须受制于现金流预测的弊端。而这恰恰就是预期投资法的宗旨。预期投资法的出发点不是预测未来现金流，而是从当前股价开始，然后，再利用贴现现金流模型去"解读"市场对公司未来业绩的推断。也就是说，预期投资过程的真正起点是估计隐含在价格中的市场预期，即价格隐含预期（price-implied expectation，PIE），如图 5-1 所示。

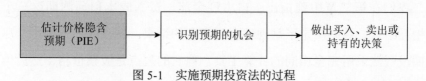

图 5-1　实施预期投资法的过程

不妨这么想：面对预测不确定的未来，任何个人的预测质量都很难超过市场的集体智慧。既然如此，我们为何不直接选择质量更高的预测呢？而这个预测的源头就是价格隐含预期。

很多投资者和高管对股票价格持怀疑态度，在他们看来，市场价格并不总能准确传达公司价值。但预期投资者有不同的看法。他们认为，股票价格是反映公司价值的最佳而且也是最不被关注的信息来源。股票价格是买卖双方为完成交易而愿意接受的价格，也是反映任何特定时点市场预期最清晰、最可靠的指标。也就是说，我们只需要知道如何解读今天的市场，然后再去预测明天最有可能实现的预期是什么。

在解释如何解读市场预期之前，我们还有一点需要说明。无论是作为教育者、证券分析师还是咨询师，归根到底，作为预期投资法的倡导者，我们已对很多股票进行了预期分析。这些实践的结果往往会出乎很多投资者和企业高管的预料。

对那些坚信市场只关注短期业绩的投资者而言，他们会惊讶地发现，现实中的市场并非目光短浅，相反，市场才是真正的远见卓识者。有些公司高管出于本能认为，市场始终在低估他们的股票，但他们最终往往会大吃一惊,因为市场的预期远比他们自己更雄心勃勃。因此,如果你刚刚接触价格隐含预期这个概念,千万不要感到惊讶。

解读市场预期

我们在第二章中曾指出,自由现金流、资本成本和预测期这三个变量相互结合,共同决定了贴现现金流模型的结果。但我们还曾提过,尽管预期投资法采用完全相同的计算工具,但它的起点是股票价格,然后再估计市场对现金流、资本成本和预测期的预期,以此来验证股票价格的合理性。换句话说,预期投资法是传统贴现现金流模型的逆向操作。

在下文中,我们将对如何解读市场预期提供实务操作指南。尽管这些方法和技巧的价值毋庸置疑,但同样需要提醒的是,解读市场预期既是一门科学,更是一门艺术。解读市场预期的能力会随着经验和行业知识的积累而不断提高。

最后需要说明的一点是,在实施预期投资分析过程之前,我们需要摆脱所有先入为主的观念,不要站在当下去妄自揣测未来。我们此时此刻的唯一目标,就是解读市场的思想。只有这样,我们才有机会在随后的步骤中去评价这些预期的合理性。

现金流

我们可以利用大量信息来源取得市场对销售增长率、营业利润率和投资增长率等变量的一致性预测。价值线投资调查(Value Line Investment Survey)、晨星(Morningstar)、辉盛研究(FactSet)、彭博、标普资本智商(S&P Capital IQ)、路孚特(Refinitiv)、证券公司研究报告以及管理层的公开披露信息,都是可参考的数据源。为了评估针对价值驱动要素的一致性预测是否合理，就必须结合竞争态势评估行业环境。最后，还要总结这些价值驱动要素的历史业绩，并关注历史业绩和预期业绩之间是否存在重大差异。

资本成本

我们可以采用第二章"市场如何对股票估值"介绍的方法，估算出目标公司的加权平均资本成本（WACC）。此外，我们还需关注如下信息：[2]

- 彭博和辉盛研究等机构均提供资本成本估算等数据服务。
- 贝塔系数可参考诸多市场服务机构的数据，包括彭博、价值线、标普资本智商和雅虎财经（Yahoo Finance）等。
- 金融学教授埃斯瓦斯·达莫达兰以及道衡咨询（Duff & Phelps）等证券咨询机构均提供未来市场风险溢价的估计数据。

非经营性资产及负债

通常情况下，我们无须估算非经营性资产以及计息债务或缴存不足的养老基金等公司负债，因为目标公司的资产负债表通常会直接提供这些数据。

常见的非经营性资产包括超额现金和有价证券、对不属于合并范围内的子公司及关联公司的投资、超额缴存的养老金计划以及税收亏损结转等。在估计非经营性资产和负债的价值时，必须考虑资产负债表账面价值与市场价值之间的差额，以及由此造成的税收影响。

市场隐含的预测期

最后一个决定价值的因素是为证明股价合理所需要的自由现金流年数。我们把这个时间区间称为市场隐含预测期（market-implied forecast period），也就是所谓的"价值成长的久期"或"竞争优势持续期"（competitive advantage period），这与"衰减率"（fade rate）的概念是一致的。[3]

在实务中，市场隐含预测期是指市场预期一家公司的增量投资收益率超过资本成本的时间长度。该模型假设，在市场隐含预测期之后，公司后续增量外投资最多只能收回资本成本，不会为公司增加更多价值。根据实证研究，美国股票的市场隐含预测期在 5～15 年，但对拥有强大市场竞争地位的公司而言，这个期间最多可以延续 30 年。[4]

在确定市场对未来自由现金流和资本成本的预期之后，我们即可解决市场隐含预测期的问题。为此，我们可以把贴现现金流模型的预测期限延长，得到今天股价所需要的年数。比如，要得到公司当前股票价值几何，至少需要对未来 12 年的贴现自由现金流和持续经营价值进行贴现加总，那么，市场隐含预测期就应该是 12 年。

案例研究：达美乐比萨

以从事跨国比萨连锁业务的达美乐为例，我们可以通过对这家公司的股票进行分析，更具体地说明这个概念。我们不妨以 2020 年 8 月的数据为基础，在这个时点，达美乐的流通股总数为 3 930 万股，每股市场价格约为 418 美元，因此，公司的市值约为 160 亿美元。

现金流

要估算目前股票价格 418 美元所隐含的市场预期，我们汇总了来自晨星、价值线以及证券分析师的预测。最终，我们得到如下取得市场一致性认识的预测结果（见表 5-1）：

表 5-1

销售增长率	7.0%
营业利润率	17.5%
现金税率	16.5%
固定资产增长率	10.0%
营运资金增长率	15.0%

销售增长率、营业利润率和现金税率共同决定了税后净营业利润。固定资产增长率和营运资金增长率表明，每增加 1 美元的销售额，达美乐比萨需要确保固定资产投资增加 0.10 美元，或者说，资本支出扣除折旧的余额需要达到 0.10 美元，还要增加 0.15 美元的营运资金投资。这是我们对市场对达美乐比萨预期经营性价值驱动要素的一致性估计。

资本成本

在分析时点，美国的 10 年期无风险国债利率为 0.65%，市场风险溢价的估计值为 5.1%，贝塔系数为 1.0。在估计贝塔系数的时候，我们首先以行业的无杠杆贝塔系数为基础，然后根据达美乐当时的资本结构得到加杠杆的贝塔系数。虽然采用股价计算得到的贝塔系数低于 1.0，但行业数据更能反映股票的真实风险水平。由此可以得到，达美乐比萨的股权成本为 5.75%，即 0.65% + (1.0 × 5.1%)= 5.75%。

达美乐的税前债务成本为 4.55%，由此可以得到税后债务成本为 3.8%，即 4.55% × (1-16.5%)=3.80%。债务占总资本的比率约为 20%。因此，加权平均资本成本为 5.36%，即 WACC=（0.80 × 5.75%）+（0.20 × 3.80%）=5.36%[⊖]。

⊖ 原书加权平均资本成本（WACC）为 5.35%，疑有误。

非经营性资产和债务

截至 2019 年底，达美乐的非经营性资产包括 3.9 亿美元左右的超额现金和有价证券，这部分资产的价值约合每股 10.00 美元。达美乐的负债几乎全部为计息债务，总计约 41 亿美元，约合每股 105 美元。

市场隐含预测期

通过下面的计算过程，我们可以得到，达美乐的市场隐含预测期为 8 年。从 2020 年开始，我们需要在每年的年底计算达美乐的每股股东价值（见表 5-2）。需要提醒的是，我们之所以采用考虑通胀率的永续法计算持续经营价值的现值，是因为我们假设，在市场隐含预测期之后，达美乐的税后净营业利润和投资将与通胀率同步增加。然后，我们再尽可能地延长预测期，从而得到与当前股价相等的自由现金流现值。

按照我们的估计，达美乐在 2020 年底的每股估值为 285 美元，此后逐年持续增加，直到在 2027 年底（预测期的第 8 年）达到 418 美元的股价。因此，市场隐含的预测期为 8 年。

重估预期的必要性

我们将在第十二章专门讨论预期修正机会的来源。但是在某些情况下，我们可能需要重新估算价格隐含预期，比如，股票价格发生重大变化，或是公司进行重大信息披露时，在现实中，这两种情况往往同时发生。

比如，当收益意外变化导致股价出现重大反应时，我们就有理由重新考虑是否需要调整预期。不管收益发生有利还是不利的意外变化，往往都会导致市场做出过度反应。

表5-2　达美乐比萨市场隐含预测期的计算过程（除每股价值外，单位为百万美元）

项目	2019	2020	2021	2022	2023	2024	2025	2026	2027
销售收入	3 618.8	3 872.1	4 143.1	4 433.1	4 743.5	5 075.5	5 430.8	5 811.0	6 217.7
营业利润	629.4	677.6	725.0	775.8	830.1	888.2	950.4	1 016.9	1 088.1
减：营业利润的现金税	105.2	111.8	119.6	128.0	137.0	146.6	156.8	167.8	179.5
税后营业利润	524.2	565.8	605.4	647.8	693.1	741.7	793.6	849.1	908.6
营运资金投资增量		25.3	27.1	29.0	31.0	33.2	35.5	38.0	40.7
固定资产投资增量		38.0	40.7	43.5	46.5	49.8	53.3	57.0	61.0
投资增量小计		63.3	67.8	72.5	77.6	83.0	88.8	95.0	101.7
自由现金流		502.5	537.7	575.3	615.6	658.6	704.8	754.1	806.9
自由现金流现值		476.9	484.4	491.9	499.6	507.4	515.3	523.3	531.5
自由现金流现值小计		476.9	961.3	1 453.2	1 952.8	2 460.2	2 975.5	3 498.8	4 030.3
持续经营价值的现值		14 523.2	14 749.7	14 979.7	15 213.3	15 450.6	15 691.5	15 936.2	16 184.8
企业价值		15 000.1	15 711.0	16 432.9	17 166.1	17 910.8	18 667.0	19 435.1	20 215.1
加：营业外资产		391.9	391.9	391.9	391.9	391.9	391.9	391.9	391.9
减：债务及其他负债		4 170.0	4 170.0	4 170.0	4 170.0	4 170.0	4 170.0	4 170.0	4 170.0
股东价值		11 222.0	11 932.9	12 654.8	13 388.0	14 132.7	14 888.9	15 656.9	16 437.0
每股股东价值		285.18	303.25	321.60	340.23	359.15	378.37	397.89	417.71

以通信设备制造商缤特力音响设备公司（Plantronics）在 2019 年 11 月发布的盈利公告为例。按照缤特力发布的新公告，销售收入和盈利均未达到预期，并表示公司还将减少投入到销售渠道中的产品库存。尽管公司声称，收入未达预期"源于暂时性因素"，并重申公司仍具有良好的长期发展前景，但市场并不领情：股价在短时间内大幅下跌 37%。[5] 如果这份公告是长期收入和收益预期下调的信号，那么，股价暴跌情有可原。但如果增长的中断确实是暂时的，那么低股价或许是买入的大好时机。

对并购交易、重大股票回购计划以及高管激励薪酬等政策的重大调整，均属于公司的重大信息。我们将在第十章中探讨兼并和收购的信号效应，并在第十一章讨论回购计划的影响。

本章小结

- 要合理解读市场预期，我们就必须从市场角度去思考。预期投资可以让我们充分利用贴现现金流模型的优势，而且无须预测长期现金流。
- 在考虑预期修正的发生概率和幅度之前，我们首先要清楚了解目前的预期状况。
- 我们可以使用公开获取的信息来源估计价格隐含预期。
- 当股票价格发生重大变化或是公司披露新的重大信息时，我们应考虑重新进行预期分析。

第六章

识别预期机会

现在，我们进入预期投资法的第二个步骤，即识别预期的机会（见图 6-1）。不同市场预期修正的影响不尽相同，某些修正注定比其他修正更重要。关注重点可以让我们更有效地分配、利用时间，从而更有可能找到实现更高收益的投资机会。

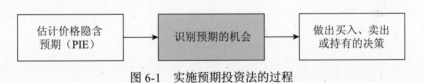

图 6-1　实施预期投资法的过程

在这个阶段，我们要做的第一件事，就是鉴别可能对股东价值产生最大影响的价值触发要素，我们不妨称为"超级触发器"（turbo trigger）。安装涡轮增压器会明显提高汽车发动机的功率，而我们的超级触发器则有助于识别对创造价值最重要的事情。它的目标就是让我们更有可能找到当前价格隐含预期与未来修正发生明显差异的机会。

搜索预期机会

识别预期机会的基础在于两个数据集和两个工具（见图 6-2）。这两个数据集分别为公司的历史业绩以及体现市场对公司未来业绩预期的价格隐含预期（PIE）。至于价格隐含预期的合理性以及我们对潜在修正的评估，历史业绩将为我们提供进行实证检验的基础。

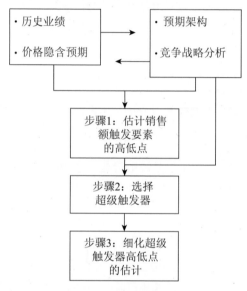

图 6-2　识别预期机会

两个工具分别为预期架构（第三章）和竞争战略分析模型（第四章）。通过预期架构，我们可以对股东价值的潜在来源进行系统性分析。而竞争战略分析可以让我们评估目标行业的吸引力和目标公司选择的具体战略。两个工具相结合，将为我们了解市场预期的潜在修正提供不可或缺的洞察。

评估价值触发要素

预测预期机会的过程由以下几个步骤构成，通过这些步骤，我们可以识别超级触发器，以便更好地估计该要素对股东价值的影响。

步骤1：估计销售额触发要素的高点和低点，计算与之对应的股东价值

预测过程首先从销售额触发要素开始，因为销售额预期的修正最有可能给股东价值带来显著变化。此外，从销售额预期入手，还可以让我们迅速锁定是否需关注其他两个价值触发要素——营运资金及投资。把有限精力集中于重要环节，定会大大减少分析的工作量。

要估计销售额触发要素对股东价值的影响，首先要估计销售增长率的潜在区间，这就需要定义与销售额增长率最高点及最低点对应的情景。利用基准数据（历史业绩和价格隐含预期）和分析工具（预期架构和竞争战略分析）进行这些预测。

在这个步骤中，最核心的任务就是深入探究销售增长率与以下四个价值因素的关系：销售量、价格和产品组合、经营杠杆与规模经济。这样，我们可以评估不同销售增长率对营业利润率及股东价值的影响。而区间则描述了销售增长率变化所带来的股价变化。

对某些公司尤其是经营杠杆较大的公司，由销售额驱动的价值因素会对营业利润率造成明显的影响，当然，这种影响可能是积极的，也可能是消极的。另外，不同价值因素之间的影响也可能相互抵消。譬如，沃尔玛和开市客等市场领导者可以降低价格，与顾客分享规模经济和成本效率的收益。而对其他公司而言，销售额变化对营业利润率的影响几乎可以忽略不计，以至于完全不必实施详细分析。

此外，我们还可以在这个步骤中确定，假如想要把其他两个触发器

（成本或投资）定义为超级触发器，需要它们给股东价值带来多大程度的变化。

步骤2：选择超级触发器

至于成本或投资能否成为我们所说的超级触发器，取决于它们对股东价值的相对影响强度。也就是说，在对股东价值产生相同影响的情况下，它们给价格隐含预期估计值带来的变动是否会超过销售额触发要素。

假设我们要估计一只股票的价格隐含预期（PIE），该股票的当前交易价格为20美元。经过预期架构的传递，与销售增长率最高估计值和最低估计值对应的市场价格分别为30美元和10美元。在成本效率是影响营业利润率的唯一变量的情况下，使用预期架构计算营业利润率的潜在最高点和最低点，这样，即可针对营业利润率对股东价值的影响程度建立一个可比区间。最后，根据得到的结果，考虑营业利润率在这个区间内变动的可能性。

假设20美元股价对应的营业利润率为10%，而且与销售增长率最高点对应的股价和营业利润率分别为30美元和17%，对应于最低销售增长率的股价和营业利润率分别为10美元和3%。然后，我们即可判断成本效率（或成本下降）是否会成为超级触发器。此外，还可以按相同的过程检验投资增长率的变化，以判断投资是不是价格隐含预期的超级触发器。

如果股东价值对成本或投资可变性非常敏感，并使之成为名副其实的超级触发器，那么，就需要重新检验这两个触发器；根据它们的变动范围，评估价值驱动要素（营业利润率或投资增长率）的相应变动范围（确定最高点和最低点），并据此计算股东价值的范围。

如何解读资本成本和市场隐含预测期

在寻找预期机会时，我们应关注的是价值触发要素及由此形成的价值驱动要素预测，而不是资本成本或市场隐含预测期。这是为什么呢？

首先看看资本成本。利率调整通过改变贴现率而最终影响到股票价格。因此，我们通常会将股票价格的波动解释为利率的变动，而不是业绩预期的修正。然而，如果根据利率预测去选择个股，唯一的结局就是失败。因为利率变化会影响到所有股票，只是不同股票受影响的程度可能会有所不同。因此，如果强烈看好利率趋势，那么，我们就有必要根据这个判断调整股票、债券及现金的组合结构。

根据我们的经验，在同一行业内，所有公司的预测期通常趋于集中。如果一家公司的市场隐含预测期明显偏离业内其他公司，那么，我们就需要重新检验价格隐含预期的价值驱动要素，以确保该预期能准确反映市场的一致性认识。假设公司的竞争态势相当于行业平均水平，那么，较短的市场隐含预测期可能预示着买入机会，而较长的市场隐含预测期则预示着卖出机会。

恒定的市场隐含预测期意味着预期的变化持续稳定。比如，我们假设一家公司目前的预测期为4年，而且这个预期在一年后保持不变。如果预期确实没有变化，那么，从现在起的一年后，市场隐含预测期应该是3年，而不再是4年。在这个例子中，如果投资者买入股票的价格拥有4年的价值创造预期，那么，该投资者将额外取得一年的价值增值。假设经营性价值驱动要素不会出现负面的预期变化，那么，这个预期的正向转变将给投资者带来额外收益。

步骤3：细化超级触发器高低点的估计及相应股东价值

在决定买入、卖出或持有一只股票之前，应进一步细化对超级触发器可变性的初始估计。具体而言，应将它们做进一步细分，直至取得更深层次的先导性指标（leading indicator）。先导性指标是指当前已实现并对超级触发器产生显著影响，进而影响到股东价值的可衡量指标。相关示例包括客户保留率、新产品上市时间、即时开设新店的数量、质量的改进以及从生成订单日到发货日的平均周转时间等。超级触发器的变动性往往来源于两三个关键的先导性指标。

需要规避的误区

每个人偶尔都会陷入形形色色的心理误区，对投资者而言，这些误区会限制他们，使他们无法实现更高的投资回报。当我们以所谓的经验法则或试探法减少有效决策对信息的需求量时，这些误区就会出现。虽然试探法可以简化分析过程，但也会带入心理偏见，从而影响决策质量。但直觉往往建议我们采取折中性措施：因为事实一再证明，过度谨小慎微的分析只会带来次优结果。因此，在确定潜在预期修正的区间时，我们务必规避两种常见误区：过度自信和确认偏误（confirmation bias）。下面，我们深入探讨一下这些常见的心理误区。

研究人员发现，人总倾向于高估自己的能力、知识和技能。这一点在专业知识之外的领域体现得尤为突出。过度自信在现实中体现为若干形式。首先是过高估计（overestimation），这意味着，我们经常会认为自己在某个方面非常擅长，但实际并非如此。另一种形式表现为过高定位（overplacement），即我们总觉得自己在某些任务上强于他人。对我们而言，最需要当心的形式则是过度判定（overprecision），也就是说，我们对自身所掌握知识的确定性超过应有的水平，以至于无法保证我们判断的客观性。[1] 例如，在证券分析师面对自己不擅长的问题时（比如，非洲面积是多少平方英里或平方公里时），他们会给出过于笼统的回答。实证研究显示，证券分析师做出正确回答的概率只有 64%。基金经理的正确率甚至更差，仅为 50%。[2]

作为识别寻找预期机会的前期任务，在估计销售增长率的最高点和最低点时，尤其需要关注过度判定问题。第一种常见错误是对结果的估计区间不够大。比如，如果估计区间过于狭窄的话，就有可能错误地把成本或投资确认为超级触发器，而实际上应该选择的是销售额。因此，如果估计区间不当，就有可能得到误导信号。

那么，我们应如何避免过度判定问题？以下有几种简单且实用的方法：

- 把估计区间与公司、同行和更多公司以前的结果进行对比。
- 向他人征求意见。
- 跟踪过去分析的结果，并学会从错误中汲取教训。

第二种误区是确认偏误：我们都倾向于采取先入为主的观念，并有选择性地寻找能证明这些观点的信息，而对与此相悖的信息则采取忽略、视而不见甚至是不接受的态度，这样一来，我们就会陷入这种心理误区中。这种偏误会导致预期投资过程在两个环节上出现错误。首先是在我们解读价格隐含预期时。我们的目标是暂时放弃个人主见，尽可能地保持客观公正。只有在了解了市场的观点后，我们才能引入自己的分析。

第三种情况发生在我们准备根据获得的新信息更新自己的观点时。在做决策时，我们都希望自己是对的，因而不愿接受与我们的决策相悖的信息。实证研究也表明，投资者更有可能阅读支持自己观点的文章，很少会阅读不支持自己观点的文章。[3]越聪明的人反倒越容易中招，因为他们总有办法证明自己的观点。

那么，我们该如何规避这种确认偏误呢？以下措施有助于我们规避这些问题：

- 在分析价格隐含预期时，暂时将自己的观点搁置一边。
- 从不同角度去审视一个决策。
- 记录自己的观点并严格自律：在没有新的信息支持这个观点之前，不要试图去更新。

案例研究：达美乐比萨

现在，我们继续对达美乐比萨的案例进行剖析，以强化上述分析构成。我们在上一章中并没有深入探讨达美乐的经营战略和运营管理，毕竟，我们当时的话题是估计价格隐含预期。现在，我们需要动用全部工具对公司进行全面完整的认识。

达美乐比萨是全球零售额最大的比萨连锁企业。截至2019年底，公司已在全球90多个国家和地区开设了17 000多个网点，零售额超过140亿美元。其中35%左右的门店开设在美国，其余门店分布在世界各地。几乎所有商店均由取得了特许经营权的独立经销商拥有和经营。通过美国境内的数百家门店，达美乐可以在新技术、促销活动的效果以及运营改进措施等方面进行相对精确的测试。

达美乐的主要盈利方式就是按照加盟商的销售收入收取特许权使用费和管理费。在美国境内，达美乐直接与其加盟商打交道。在海外市场，达美乐设立主加盟商，并由后者持有达美乐在该国的特许权使用权。这说明，加盟商的财务状况对公司成败至关重要。

供应链业务是达美乐最大的业务板块，负责为美国和指定海外市场的门店提供食品和其他材料。通过统一的供应链业务，使得全球加盟商获得统一质量的原材料供给，通过订单和库存管理利用达美乐公司的技术，并通过规模经济扩大盈利空间。这样，所有独家享有这项服务使用权的加盟商，均可得益于供应链业务带来的收益。这不仅为加盟商创造了重要的利润源泉，也让加盟商的利益与母公司紧紧地捆绑在一起。

达美乐的业务主要是第三方配送及消费者自提的外卖。在美国，2019年全行业的销售额约为 380 亿美元，其中一半来自自提的外卖，30% 为第三方配送，剩余 20% 为堂食。达美乐在全美比萨自提外卖收入总额中占据了 16% 的份额，在第三方配送收入总额中更是占到 35%。[4]

达美乐比萨对技术和数据的使用更是让它成为餐饮业当之无愧的领导者，这一点非常重要，因为全球比萨零售额的一半以上来自计算机、手机和智能手表等数字渠道。通过数字订单，达美乐获得了大量最终用户信息，从而更好地预测需求，评估新产品和促销活动的投放效果，并对人工和库存成本进行有效管理。在达美乐数据库中记载的会员人数为 8 500 万，其中活跃用户的数量超过 2 500 万。

竞争分析

战略分析的目标就是预测预期的潜在修正。我们可以采用第四章介绍的战略评估框架理解达美乐的基本竞争格局，通过行业分析评估市场特征，并最终聚焦公司的具体优势。

图 6-3 为比萨市场的行业地图。这里有几点值得关注。首先，尽管达美乐的竞争对手中很多是来自美国国内外的大型跨国连锁企业，但夫妻店仍占据 40% 左右的市场份额。而且除比萨之外，快餐业中还有很多实力强大的竞争对手，包括麦当劳、福来鸡和百胜集团公司（Yum! Brands，拥有必胜客、肯德基和塔可钟等产品）。其次，加盟商是构成整个行业的基础，

因此，了解它们的财务状况至关重要。最后，行业地图还显示出客户与比萨公司的互动方式。值得注意的是，达美乐并没有选择在堂食市场上争夺顾客。数字渠道为该公司带来了大量的客户信息，使得它们可以根据大数据进行决策。

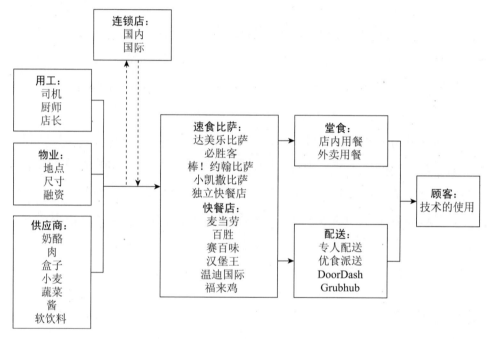

图 6-3　行业地图

尽管我们不打算进行完整的价值组合分析，但有一点是显而易见的，分析的核心在于加盟商的盈利能力。简单地说，由于达美乐的收入直接来自加盟商的销售额，因此，它需要加盟商有追求成长的欲望，但最重要的是拥有健康、盈利的财务状况。事实上，与美国最主要的竞争对手必胜客和棒！约翰相比，达美乐的新餐厅建设及开业成本更低，而且单位门店的利润额也更高。达美乐的门店现金收益率（按年度税前现金流除以投资现金总额表示）超过 40%，而整个快餐店行业的平均收益率仅为 15% ～ 20%。[5]

2012 年，达美乐比萨采取了"堡垒式"战略，即增加每个地域市场的门店数量，从而增加了销售密度。这一战略不仅改善了客户服务质量，也提高了派送司机的工作效率，从而增加收入并扩大了外卖业务销售额。2011 ～ 2019 年，达美乐在美国境内的加盟商平均利润（体现为扣除息税、折旧摊销前的利润）增加了一倍。

加盟商的盈利能力也是价值的先导性指标。达美乐的销售增长率与加盟商的成长性密切相关。

表 6-1 所示的市场份额测试揭示了几个值得关注的要点。近年来，在其他一些大型餐饮连锁店已增长乏力的情况下，达美乐的市场份额却实现了强劲增长，而且这还是在整个行业过去五年增长不到 2% 的背景下出现的。独立门店的市场份额也在萎缩，表现出与长期整体趋势相一致的态势。与其他行业相比，市场份额的整体变化相对较低，体现出行业的相对稳定性。

表 6-1 市场份额测试

比萨连锁公司 （美国境内的销售额）	2014（%）	2019（%）	五年期内的绝对 变化率（%）
达美乐	9.9	14.2	4.4
必胜客	14.8	11.9	2.9
小凯撒	7.9	7.9	0.1
棒！约翰	6.4	5.9	0.5
其他连锁店	20.1	20.1	0.1
独立餐厅	40.9	40.0	0.9
合计	100	100	
绝对平均变化率			1.5

资料来源：Technomic and CHD Expert.

现在，我们再转向行业分析。这里之所以关注影响预期的五种力量，因为我们认为，达美乐几乎不存在失败风险。

- **替代品的威胁**。我们可以从两方面考虑替代品的威胁，这一点非常重要。首先是替代性食物的选择。比萨存在很多替代性产品，因此，顾客可以很容易地把比萨替换为其他产品。但比萨品类销售额的稳步增长表明，消费者仍接受该品类带来的价值和享受感。另一种威胁来自交付方式。近年来，优食派送（Uber Eats）和 DoorDash 等食品配送聚合器商家已成为餐厅和消费者之间的主要媒介。这些配送企业最初取得了大量资本支持，让它们得以开展高强度的促销打折活动。因此，餐饮业价值链很可能需要以重组来适应这些聚合器，这就为消费者提供了在不同选择之间进行低成本切换的大量机会。

- **买方力量**。达美乐已将自己定位于行业中的价值细分市场，这种定位得益于其高效的供应链系统。通过维持低水平的价格与成本，达美乐并未受到买方力量的挑战。而加盟商的稳定收益能力则为这一定位提供了进一步支撑。

- **供应商力量**。这种力量同样不是达美乐需要关注的焦点。公司的主要商品成本项目是奶酪、肉类、盒子、小麦、蔬菜和酱汁等食品原材料。为保障供给，达美乐与供应商签订了长期采购合同。同时达美乐完全有理由认为，它可以轻而易举地转向第三方供应商，而且不会对业务造成任何重大不利影响。此外，达美乐的经营规模和密度也可以让它们为食品制备人员和司机提供有竞争力的薪酬。在达美乐门店的销售额中，人工和食品成本的比例约为 50% ～ 60%。

- **进入壁垒**。从表面上看，比萨行业的准入门槛似乎并不是特别高，因为资金投入相对较少，而且产品本身也较为单一。但独立餐厅的市场逐渐被连锁店占有这一事实表明，要在这个行业中实现盈利并不简单。现有大型企业的优势是全方位的，包括采购和广告等活动的规模经济、降低搜索成本的知名品牌以及在消费者品味和消费行为等方面拥有的大量数据。实际上，近几十年入市的几家新连锁店在整个市场中只占有很小的份额。

- **现有企业之间的竞争**。尽管比萨行业内存在大量参与者，而且竞争激烈，但以合计零售额计算，达美乐是世界上最大的比萨企业，其门店层次的回报也最具吸引力。价格竞争是竞争的传统信号。但任何竞争对手都难以与达美乐开展价格竞争，因为达美乐已经形成价值细分市场的定位，拥有非常低的成本水平。此外，"堡垒式"战略为它们提供了本地化规模经济，让竞争对手难以与达美乐进行有效竞争。

行业结构决定盈利能力，而且美国餐饮业整体上是在创造价值。尽管其他连锁企业和中小企业确实举步维艰，但行业总体非常健康，这就为达美乐在门店层面取得有吸引力的盈利提供了保障。而门店的盈利必将为母公司带来可观的价值。

当公司通过销售商品或服务取得的收入超过其生产成本（包括资本的机会成本）时，它就会创造出新的价值。如上所述，比萨行业的整体利润水平较高，而且达美乐在行业内拥有非常有吸引力的地位。现在，我们再看看价值链分析过程，了解达美乐超越对手之处，并判断这些优势是否会出现预期调整（图 6-4）。

图 6-4　价值链

资料来源：Joan Magretta, *Understanding Michael Porter: The Essential Guide to Competition and Strategy*（Boston，MA: Harvard Business Review Press，2012），76，经许可使用。

在价值链分析中，第一个步骤就是了解行业。餐饮业的经营内容非常简单：门店取得原材料供应，制备出食物和饮料，并出售给顾客。这些基本活动几乎构成所有餐厅的常态。

凭借供应链业务创造的规模效应，达美乐在北美地区的大多数门店可以获得质量有保证且成本足够低的原材料。供应链业务的宗旨不在于成为利润中心，而是创建有吸引力的加盟商。虽然其他连锁企业也设有专门供应部门，但小规模企业通常会选择与食品配送企业合作，这些配送企业的节奏要么很难与门店保持一致，要么不适合各门店菜单的具体要求。

因此，合理的策略应该权衡各方利弊，而达美乐最重要的决策或许就是不提供花色繁多的就餐方案，这就可以让单个门店维持较小营业面积和较低运营成本。此外，这种策略还简化了食物的制备，提高了经营效率，让有限劳动力发挥出最大效力。

与此同时，达美乐构建了高效的配送和自提业务。而增加门店密度带来本地化规模经济，则进一步提高了配送和自提效率。公司在所有市场上的每小时订单量均远超行业平均水平，更快的配送和自提服务和更好的门店盈利能力自然有助于改善消费者体验。

此外，对技术的利用也是达美乐与同行的不同之处。长期以来，达美乐始终是利用数字系统方面的领导者，比如说，在销售点采用的 PULSE 系统，可以帮助加盟商提高经营效率，也为公司管理层提供了更多有价值的信息。

竞争战略分析表明，达美乐处于一个相对稳定的行业中，尽管也存在竞争，但在总体上能够创造适度价值。与此同时，公司通过强调配送和自提而相对忽略堂食的战略决策，创造了相当可观的价值，并通过应用数字技术和堡垒式门店方案，为加盟商的盈利能力奠定了基础。此外，公司把采购、技术和广告等方面的规模经济同样发挥得淋漓尽致。

历史分析

对历史财务结果的分析（见表 6-2）提供了以下有关未来业绩可变性的线索。

表6-2 达美乐比萨的历史经营性价值驱动因素

	2015	2016	2017	2018	2019	5 年平均数
销售增长率（%）	11.2	11.6	12.8	23.1	5.4	12.7
营业利润率（%）	18.3	18.4	18.7	16.7	17.4	17.7
固定资产投资增长率（%）	13.9	8.0	14.5	10.3	13.8	13.7
营运资金投资增长率（%）	-9.0	-1.3	10.6	7.5	-3.1	3.2

注：5 年期销售额的平均增长率按几何平均数计算。

资料来源：Domino's Pizza, Inc.

- **销售增长率：** 在过去 5 年中以两位数水平持续稳定增长，其中 2.5 个百分点的增长来自会计变更。供应链业务是销售额增长的最大贡献者，而且这些业务的增长与公司在北美拥有和特许经营的门店数量保持一致。就总体而言，达美乐在美国开设的特许经营店数量每年增长约 4.3%，相同门店的销售额平均增长率为 8.0%。海外门店数量每年增长 10.7%，门店销售额增长 4.6%。海外销售额的增长率与公司整体增长率保持同步，反映出汇率对销售额增长的负面影响。

- **营业利润率：** 营业利润率在这 5 年间始终维持在 2018 年的最低点 16.7% 到 2017 年的最高点 18.7% 之间。凭借经营杠杆优势，达美乐的营业利润率在较长时期内持续提高。但需要提醒的是，达美乐经营供应链业务的毛利率较低，通常维持在接近 11% 的水平。公司对日常费用进行了有效管理，而且广告费开支始终超过收入的 10%。

- **投资：** 达美乐的业务并不需要大量资金。近年来，固定资产投资的平均增长率低于 15%，投资支出主要用于开发销售点系统的技术、供应链运营的拓展以及开设新门店和现有门店升级改造等。营运资金需求基本可以忽略不计。需要提醒的是，大部分投资用于加盟商，不难理解，加盟商的健康发展是达美乐取得成功的关键。

识别预期机会

竞争及历史分析表明，销售增长最有可能成为超级触发器。但我们不妨用数字验证这个结论。下表是我们在第五章针对达美乐价格隐含预期提供的基本预测结果。表中数字对应于 2020 年 8 月股价 418 美元以及《价值线》和股票分析师发布的共同预测结果。上述竞争分析和历史回顾为识别预期机会的三个具体步骤提供了背景信息。

销售增长率	7.0%
营业利润率	17.5%
现金税率	16.5%
固定资产增长率	10.0%
营运资金增长率	15.0%

步骤 1：估计销售额触发要素的高点和低点，计算与之对应的股东价值

对主流分析师研究报告进行的分析和回顾表明，在 8 年预测期内，销售增长率的区间为 3%～11%。在实务中，我们鼓励建立多种分析情境，这里为简化起见，我们设定了分别对应于低点、高点以及市场的一致性认识的分析情境。如下是我们的选择理由。

- **低点**。假设达美乐国内外门店的增长率及各门店销售额增长率远低于历史标准和公司计划。公司直营店的销售增长速度也低于历史水平，且供应链业务增长与国内销售增长率保持同步。在这种情况下，达美乐实现预测结果的机会不大。

- **高点**。反映了国内外门店 10% ~ 11% 的销售增长速度，对应于较快的开店速度和较高的同店销售增长率。供应链的销售增长率达到美国同行业的最高水平，公司直营店的收入增长率接近 10%。

达美乐不同于其他企业，创造价值的收入主要来自于向加盟商收取的特许权使用费和管理费。因此，公司的主要目标是通过应用技术、有效的广告营销和低成本供应促进加盟商健康成长。

预期架构有助于把作为超级触发器的销售增长转化为经营性价值驱动因素。首先看看前两个价值因素——销售量、价格和产品组合。达美乐的产品不同于速食比萨类别，因为它的销售增长动力主要来自更多的订单数量——这相当于销售量的增加，但反映价格和产品组合的单笔销售额增长有限。反观其他速食比萨企业，在最近几年的发展几乎全部来自单笔销售额的增加。

尽管达美乐得益于经营杠杆和规模经济，但它们对经营利润率的最终影响微乎其微。数字技术的使用就是运营杠杆的一个例子，尽管配置技术的前期投入可能很高，但是在大规模普及使用的情况下，单位成本几乎可以忽略不计。规模经济主要体现在供应链业务中，它可以帮助加盟商维持最低水平的运营成本，并将成本节约带来的收益与消费者分享。

通过分析以往销售额变化与营业利润变动之间的关系，我们可以看到经营杠杆和规模经济带来的收益。也就是说，达美乐倾向于让加盟商乃至最终顾客分享成本节约收益，而不是由母公司独自享有，因为它相信，确保加盟商的长期持续成长才是实现长期价值最大化的核心。

基于上述分析，不妨假设销售增长率高点会导致营业利润率提高 100 个基点，而低点则导致营业利润率下降 100 个基点。

现在，我们即可确定销售增长率变化对股东价值的影响。分析数据如下表所示：

	销售增长率		估计价值		价值变化	
PIE	低	高	低	高	低	高
7%	3%	11%	290 美元	586 美元	−30.60%	40.20%

上述数据表明，如果我们要把达美乐的销售增长率预期从 7% 下调至 3%，那么，就需要股票价格回撤 30%，从每股 418 美元下降至 290 美元左右。此外，如果要让销售增长率预期从 7% 上调到 11%，则要股票价格上涨 40%，相当于每股 586 美元。

步骤2：选择超级触发器

在怎样的情况下，成本和投资触发器对价值带来的影响会超过销售额呢？要让成本具有与销售增长相当的价值效应，需要成本效率变动导致按 PIE 得到的 17.5% 营业利润率增减 4% 以上，即给这个营业利润率带来 400 个基点以上的变动。

此外，投资要成为超级触发器，则固定资产和营运资金投资增长率变动要出现极端性修正，才能对价值产生与销售额相当的影响。达美乐的经营模式、行业竞争格局以及历史数据均表明，出现这种极端修正的概率几乎是不存在的。因此，我们完全有理由认为，作为价值触发器而言，投资的影响力远低于销售额。前述分析也足以表明，销售额才是达美乐的超级触发器。

步骤3：细化超级触发器高低点的估计及相应股东价值

到此为止，主要分析工作已基本完成。不过，我们仍需完善针对销售额所致股东价值变化进行的估计。带来达美乐销售额增长的先导性指标是什么呢？

上述讨论揭示出两个明显的先导性指标。第一个是加盟商的良好经营。虽然我们主要考虑达美乐在美国境内的加盟商，但海外业务状况同样重要——如前所述，海外业务采取了与主加盟商签署特许经营协议的方式。按门店数量计算的达美乐十大海外市场中，八家主加盟商隶属于所在地的上市公司，其中包括印度的 Jubilant FoodWorks、英国达美乐比萨集团以及澳大利亚达美乐比萨企业集团。确保加盟商的盈利以及与之建立良好的合作关系，对打造健康的商业生态系统至关重要。

何为目标价格

我们的 420 美元目标价格是按最新 20 天每股收益估计值 13.75 美元的 30 倍外加现金得到的。[①]

——华尔街的股票分析师

股票分析师喜欢给出目标价格，而最让投资者翘首以待的事情，就是这个目标价格成为现实。但目标价格大多凭空而来——分析师的依据不过是某个会计收益的估计值和他们臆想处理的估值倍数。因此，它对投资者理解市场预期几乎没有任何帮助。

那么，预期投资法是否能为目标价格提供合理的解释呢？当然。而且这也是解密目标价格唯一的合理方法。

首先，了解当前股价对应的价格隐含预期，而后找到超级触发器。这样，目标价格问题自然迎刃而解。

利用目标股票的价格确定超级触发器需要具有怎样的价值创造效应。然后，把这个预期结果与之前进行的战略及财务分析结果进行比较，以评估实现这个预期的可能性。

从目标价格中解读被研究公司的未来财务业绩，这样的收获肯定会让分析师大吃一惊。因为从会计数字出发去解释价格隐含预期，永远不会让他们从目标价格中悟出任何道理。

① John Ivankoe, Rahul Krotthapalli, and Patrice Chen, "Domino's Pizza Inc: DPZ Maintains US Momentum While International Stabilizes. Remain OW for This COVID-Winner," *J.P. Morgan North America Equity Research*, July 16, 2020.

第二个先导性指标是门店及门店销售额的增长。既不缺少盈利又不缺少良好支持的加盟店当然会着力寻求进一步的增长，反过来，这也会增加达美乐的收入。堡垒式经营策略在刺激门店增加的同时，也改善了加盟商的财务状况，为它们抵御竞争提供了良好的屏障。在这个过程中，达美乐并不是不遗余力地压榨加盟商的油水，而是全力支持它们的成长，充分关注它们的财务状况。本章及最后一章的共同主题是估计价格隐含预期以及识别预期机会。到此为止，我们已经为预期投资过程的最后一步做好了全部准备，也就是说，我们将把前两个步骤掌握的知识转化为最终的投资决策。从价格隐含预期到做出买卖决策，从而最终完成预期投资法，将是我们在下一章讨论的主题。

本章小结

- 如果知道哪些预期修正最重要，我们就更有可能找到实现更高收益的投资机会。

- 识别预期机会的基础体现于四个模块。历史业绩和价格隐含预期为我们提供了基础数据，而竞争战略分析和预期架构为我们提供了强大的分析工具。
- 识别预期机会的过程体现为如下三个步骤：
    - ➤ 步骤 1：估计销售额触发要素的高点和低点，计算与之对应的股东价值。
    - ➤ 步骤 2：选择超级触发器。
    - ➤ 步骤 3：细化超级触发器高低点的估计及相应股东价值。
- 在估计预期潜在范围时需时刻规避各种行为误区。

| 第七章 |

买入、卖出抑或持有

现在，我们进入预期投资过程的第三步，也是最后一步，即如何做出买入、卖出或持有股票的决策（图7-1）。在本章里，我们将阐述如何把针对市场预期的修正预测转化为股票的预期价值，从而把预期机会转化为最终的投资决策。之后，我们将把预期价值与股票的当前价格进行比较，从而根据预期与价格的匹配性，识别买入或卖出的机会。最后，我们将针对何时买入、卖出或持有股票提出具体的决策模型。

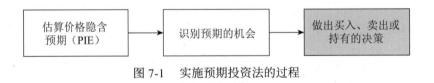

图 7-1　实施预期投资法的过程

预期价值分析

如前所述，我们已经确定了影响公司价值的超级触发器，并针对不同于市场一致性认识的财务结果制定相应预期。但这还不足以让我们做出合理的买卖决策。不考虑风险的分析显然是不完整的。因为我们必须承认，市场预期的未来走向是不确定的。幸运的是，你可以使用预期价值分析（expected value analysis）解决这种不确定性，并据此判断一只股票的投资价值。

预期价值分析尤其适用于对不确定性事件的结果进行估计。预期价值是指所有潜在结果以发生概率为权重得到的加权平均值。把与特定结果对应的结果（在这里是指股票价格）乘以该结果的发生概率，即为该结果的预期价值，将全部潜在结果的预期价值加总，即可得到这一股票的最终预期价值。最后，我们以这个数值代表该股票所有可能潜在结果的预期价值。[1]

那么，应如何确定计算预期价值所需要的收益和概率呢？第六章介绍的收益估计过程可以帮助我们解决这个问题。首先找到超级触发器——通常是销售额，再为这个触发器估计出一个合理的变动区间。然后，分析区间内不同情景对价值因素的影响，进而估计出它们给价值驱动要素带来的影响。这样，我们即可得到对应于不同情景的股东价值。

估计出现不同情景的合理概率显然并非易事。但我们依旧可以在决策工具箱中找到适当的根据，对我们的分析予以指导。

对此，诺贝尔经济学奖获得者丹尼尔·卡尼曼（Daniel Kahneman）提出了内部观点（inside view）和外部观点（outside view）的差异。[2] 在面对问题时，大多数人会收集与自我认知相符的信息，再把这些信息和我们的固有经验及观点相结合，并据此给出答案。这就是我们的内部观点，也就是说，这是一种受制于自身内在倾向的观点。在现实中，我们考虑的结果往往不够宽泛，以至于易出现以偏概全和非理性的过度乐观情绪。这在投资行业中是常见错误。

外部观点则把结果视为大类中的一个具体实例。这就提示我们，要根据以往类似情景或基准率（base rate）去判断这个结果，这显然有助于我们采取更宽泛的参考基准，并做出更准确的预测。比如说，达美乐2020年的销售额约为41亿美元。外部观点并不依赖我们依据自身判断做出的预测，相反，它会考虑所有可比公司的增长率区间。从历史上看，80%以上可比公司的5年期销售增长率在−5%到15%之间，经通胀率调整后，它们的平均增长率略高于5%。[3]

造成外部观点在实务中未得到充分利用的原因来自两个方面。首先，大多数人以非理性的方式信赖自己已经掌握的信息和资料，甚至投资分析师也不例外。这就是过度自信带来的问题。其次，很多投资者根本就无法得到这个所谓的基准率，因而对收益和发生概率自然也无从知晓。

基准率绝非什么灵丹妙药。公司业绩的发布——包括销售增长率、营业利润率趋势和必要投资率等数据，都会随着时间而变。但引入基准率的概念，则有助于我们更好地判断预期是否合理。

我们可以通过变动性认识（variant perception）验证买入或卖出股票的合理性。变动性认识是一种不同于市场普遍认识的更有依据的观点。当我们认为市场一致性认识在基本方向上是正确的，但我们自己的观点更极端，或是干脆与一致性认识相悖时，就会发生这种情况。通过预期价值分析可以帮助我们对这两者进行区分：

- 如果价值变动性很大，说明收益的分布范围很宽，那么，即便一致性认识的结果是概率最大的情境，股票仍有可能具有吸引力或是缺乏吸引力。
- 如果价值变动性较小，那么，要实现超额收益，我们就必须与市场一致性认识逆势而为。

现在，我们从价值变动性较大情境入手。假设股票的当前股价为42美元，其价值区间分布在低点10美元到高点90美元之间。此外，假设价值符合市场一致性认识的概率为50%，出现最低值10美元和最高值90美元对应的概率分别为15%和35%。如表7-1所示，按照上述收益与概率的组合，我们可以得到每股54（=42×50%+10×15%+90×35%）美元的预期价值。预期价值比当前42美元的股价高出近30%。即使价值为一致性认识的概率最大，但是在价值变动性足够宽泛的情况下，同样意味着这有可能是买入或卖出的大好时机。在这种情况下，一致性认识的结果或许是最有可能出现的结果，但是，90美元的股价最高点与同样让人振奋的35%概率相叠加，显然是值得尝试的买入机会。

表7-1 高变动性情景对应的预期价值

股票价格	概率	加权值
10美元	15%	1.50美元
42美元（当前价格）	50%	21.00美元
90美元	35%	31.50美元
		54.00美元（预期价值）

下面，我们再看看价值变动性较小的情境。当公司拥有稳定的商业模式时，就会出现这种情况。继续沿用上述概率分布，只不过把最高值从90美元下调到55美元，最低值从10美元上调为35美元，可见，股票价值的变动空间大大收窄。此时，我们看到，预期价值45.50（=42×50%+35×15%+55×35%）美元与当前价格42美元的差异为8%，考虑到这个差异对应的安全边际太小，因而还不足以得出股票是否有吸引力的结论（见表7-2）。

表7-2　低变动性情景对应的预期价值（市场一致性认识的发生概率最大）

股票价格	概率	加权值
35 美元	15%	5.25 美元
42 美元（当前价格）	50%	21.00 美元
55 美元	35%	19.25 美元
		45.50 美元（预期价值）

再看看与市场一致性认识不同的概率，仍采用与表 7-2 相同的价值区间，只不过一致性认识并非最有可能发生的情景。表 7-3 显示，出现最高值的概率为 70%，出现最低值的概率为 10%，出现一致性认识的概率仅为 20%。由于最高点对应的可能性很高，使得预期价值 50.40（=42×20%+35×10%+55×70%）美元远高于当前价格。不难看到，即使是对价值变动性较低的公司，非一致性概率也会触发买入或卖出决策。在这种情况下，买入或卖出的决定就是与市场一致性认识逆向而行。

表7-3　变动性情景对应的预期价值（市场一致性认识的概率非最大）

股票价格	概率	加权值
35 美元	10%	3.50 美元
42 美元（当前价格）	20%	8.40 美元
55 美元	70%	38.50 美元
		50.40 美元（预期价值）

案例研究：达美乐

不妨以达美乐比萨为例进行分析。在第五章中，我们根据 418 美元的股票价格估算了达美乐比萨的价格隐含预期。第六章的分析指出，销售额是引发价值增长的超级触发器，并根据销售增长率的估计区间得出以下结论：

	销售增长率		估计价值		价值变化	
PIE	低	高	低	高	低	高
7%	3%	11%	290 美元	586 美元	−30.60%	40.20%

现在，我们可以检验最可能出现的三种可能性：市场一致性认识；非市场一致性认识并看跌；非市场一致性认识并看涨。

- **市场一致性认识。** 我们假设实现市场一致性认识所对应销售增长率的概率为55%，最低值对应的概率为25%，最高值对应的概率为20%。此时，419美元的预期价值接近当前股价（见表7-4）。因此，在假设市场一致性认识出现概率最大的情景下，不会出现引发投资者做出买入或卖出决策的明显机会。

表7-4　达美乐比萨的预期价值计算（市场一致性认识）

销售额增长率	股票价值	概率	加权价值
3%	290 美元	25%	73 美元
7%	418 美元	55%	230 美元
11%	586 美元	20%	117 美元
		100%	419 美元（预期价值）

- **非市场一致性认识并看跌。** 在这种情景下，我们假设出现最低值的概率为80%，出现市场一致性认识和最高值的概率分别为15%和5%。按这样的调整，预期价值将降至每股324美元，比当前股价低22%（见表7-5）。因此，该股票将成为投资者的出售目标。
- **非市场一致性认识并看涨。** 最后，让我们考虑一种情况，你估计预期将向销售增长范围的高端转移的可能性很高。具体而言，出现最高值的概率为80%，出现市场一致性认识的概率15%，最低值对应

的概率仅为 5%，由此得到的预期价值为每股 546 美元（见表 7-6）。在这种情景下，投资者显然会考虑买入该股票。

表7-5　达美乐比萨的预期价值计算（非市场一致性认识并看跌）

销售额增长率	股票价值	概率	加权价值
3%	290 美元	80%	232 美元
7%	418 美元	15%	63 美元
11%	586 美元	5%	29 美元
		100%	324 美元（预期价值）

表7-6　达美乐比萨的预期价值计算（非市场一致性认识并看涨）

销售额增长率	股票价值	概率	加权价值
3%	290 美元	5%	15 美元
7%	418 美元	15%	63 美元
11%	586 美元	80%	469 美元
		100%	546 美元（预期价值）

做出决策

达美乐比萨的案例突出这样一个关键信息，即强烈的市场一致性观点对价值变动性较低股票的买入或卖出决策至关重要。但随着价值变动性的提高，即使股价最有可能达到市场一致性认识，依旧有可能出现明显的买入或卖出信号。

需要提醒的是，股票的预期价值往往是动态变化的。在收益与概率组合方式变化的时候，预期价值也会随之发生变化。为避免忽略盈利性预期出现错配，务必要在获得重要的新信息或股票价格发生实质性变化时及时调整预期价值的计算。

在确认预期价值和股票价格的差异之后，我们即可对股票做出买入、卖出还是继续持有的决策。具体而言，我们需要回答如下三个问题：

- 我应在什么时候买入一只股票？
- 我应在什么时候卖出一只股票？
- 时点和税收会如何影响我的决策？

买入决策

我们首先从买入决策开始分析。简而言之，只要我们估计的预期价值高于股票当前价格，就有可能获得超额收益。[4] 但超额收益的预期显然还不足以代表真正的买入机会。我们还需要确认这个超额收益是否足够值得冒险。

买入决策取决于两个因素。第一个是股票价格相对于预期价值的折价比，或者说安全边际。市场价格对预期价值的折价比越大，可预期的超额收益就越高。反之，市场价格相对预期价值的溢价越高，这只股票成为卖出对象的机会就越大。

第二个因素是市场要在多长时间后才会修正原有预期。股价回归较高预期价值的时间越快，超额收益就越大。反之，回归时间越长，超额收益就越低。按同样逻辑，当预期价值低于当前股价时，价格向预期价值收敛的速度越快，卖出股票的紧迫性就越大。

在表 7-7 中，我们可以看到价格与预期价值之比和市场回归预期价值所需年数的各种组合，以及不同组合对应的超额收益。假设，我们认为一只股票的市场交易价格为预期价值的 80%。此外，还假设市场预期需要两年时间才能调整到我们的预期价值。在这种情况下，我们每年可实现超过资本成本 12.5 个百分点的超额收益。[5] 如果预期维持不变，股票就不会带来更高的超额收益。

表7-7 在价格低于或等于预期价值时买入股票的年超额收益率

		市场开始调整前经历的年数				
		1	2	3	4	5
市场价格/预期价值	60%	70.70%	30.80%	19.70%	14.40%	11.40%
	80%	26.5%	12.5%	8.2%	6.1%	4.8%
	100%	0.0%	0.0%	0.0%	0.0%	0.0%

注：假设股权资本成本为 6%。

需要提醒的是，买入机会与公司业绩或投资者预期的绝对水平无关，它只依赖于投资者预期与价格隐含预期的相对水平。如果公司的业绩刺激投资者调整预期，那么，具有较高预期价值的股票仍不乏吸引力。同样，如果认为公司的前景与预期相符，那么，预期价值较低的股票即便价格低也不值得买入。

在做出买入决策前，务必要规避为追回本钱而采取的加码策略。投资者往往喜欢验证已经做出的选择。在经济学中，以前投入但已无法收回的资金或时间被称为沉没成本。尽管投资者都知道，沉没成本与当前决策无关，但还是有很多人难以区分这两者。

在股价下跌后，投资者以增加持仓量来强化对未来升值的固有预期，这就是一种为收回沉没成本而采取的非理性行为。投资者不仅不愿接受损失，反而会变本加厉地买入更多股票——原因就是他们已经买入这只股票。当然，以往的投资决策已成为历史，我们只能根据当下预期去制定今天的决策。没有人愿意重复以往的错误。因此，只有在股价对预期价值存在足够折价才买入股票，投资者才能避开非理性的加码陷阱。

　　问题或是情景的具体呈现方式也会影响到人们的最终决策。也就是说，对同样的问题，当它们以同等客观但不同的方式出现时，会导致人们做出不同的选择。最典型的例子就是经济学家理查德·塞勒（Richard Thaler）提出的心理账户（mental accounting）。[6] 假设投资者按每股 50 美元的价格买入股票，随后，这只股票的价格飙升到 100 美元。很多投资者会把股票价值分为两个部分：原始投资和利润，或"私房钱"（house money）。很多人会谨慎对待原始投资，而对私房钱的处理则会随心所欲。

　　这就是所谓的私房钱效应，而且它的影响不仅限于个人。金融学教授赫什·舍夫林（Hersh Shefrin）发现，负责圣克拉拉大学捐赠基金的委员会就曾被这种效应所干扰。由于当时的市场表现强劲，该捐赠基金在大学校长规定的日期之前完成了绝对业绩额指标。于是，学校从基金中抽出了"私房钱"，并在投资组合中追加了高风险投资工具，包括风险投资、对冲基金和私募基金。[7]

卖出决策

　　三个潜在原因会促使投资者卖出股票。

　　（1）股票价格已达到投资者最初设定的预期价值，而新的预期价值估计值低于这个目标价格。这里需要提醒的是，投资本身是一个动态过程，预期同样是一个不断变化的目标。因此，我们需要定期检验这个预期，并在必要的情况下修正这个预期。如果仅仅因为达到已过时的目标价格便不加选择地卖出股票，那么，投资者就有可能丧失更高的收益。只有通过最新分析预计股价不会进一步上涨时，卖出已达到预期价值的股票才是合理的。

　　（2）存在更好的投资机会。对采取主动型策略的投资者而言，理想的策略就是继续持有目前仍存在上涨空间的股票。因此，他们永远都在寻找按预期价值较大折价交易的股票。

存在比目前持有股票拥有更高风险调整收益率的股票，是导致投资者抛出现有股票的第二个理由。这不同于第一个决策，因为在这种情况下，投资者无须假设股票价格已达到预期出售价值。

归根到底，只要维持分散化的目标水平，就必须随时考虑卖出投资组合中预期价值较低的股票，并以收入买入预期价值较高的股票。在其他条件相同的情况下，这种替换会提高投资组合的预期收益率。在下一节中，我们将介绍税收对卖出决策的影响。

（3）投资者已下调预期。某些情况下，即便是深思熟虑、事无巨细的分析也有可能错过目标。但是在其他场合，意料之外的事件会促使我们对预期做出重大调整。如果预期下调导致价格与预期价值比不具备吸引力，以至于这笔投资已缺乏安全边际，那么，该股票就成为投资者应该抛出的对象。

研究表明，机构投资者对买入决策的重视程度和质量往往超过卖出决策。原因其实不难理解，他们在买入时会投入更多精力，而在卖出时会倾向于依赖启发法。[8]而预期投资模型可以有效地指导他们选择买入或是卖出。

在出售股票时，我们还需要避免某些心理陷阱。最典型的心理误区就是损失厌恶倾向（loss aversion）。丹尼尔·卡尼曼与另一位著名心理学家阿莫斯·特沃斯基（Amos Tversky）通过研究发现，对大多数人来说，损失带来的损失感强度相当于收益所致幸福感的两倍半。[9]换句话说，与相同金额收益带来的好感相比，亏损造成的痛苦要严重得多。

关于损失厌恶，我们需要牢记如下几点。首先，人在本性上对损失有着不同的厌恶程度。这就影响到投资者会创建什么样的投资组合。与对损失厌恶程度较高的人相比，对损失更宽容的人往往倾向于创建风险更高的投资组合。[10] 其次，即便是一个人的损失厌恶系数也会因经历而改变。实验显示，在刚刚经历损失的情况下，人们更有可能拒绝上调的预期价值，这无疑是个人损失厌恶系数提高的表现。[11]

回想我们在上一章提到的确认偏误。我们发现，面对确认偏误造成的心理误区，一种非常有效的方法，就是向自己提问，直面你对这家公司及其行业所持有的最坚定、最有价值的观念，发出质疑，提出挑战。提出否定性问题可以帮助我们正视尚未充分考虑的其他方案，从而打开视野、拓宽思维。开放心态有助于我们改善决策质量，并最终提高投资业绩。

税费对决策的影响

投资者卖出股票的原因多种多样，总体上可以归结为：股价已达到他们心目中的预期价值；存在更好的投资机会；或是他们主动下调价值预期。但不管出于何种原因，在出售股票之前，我们都需要考虑税收的影响。如果考虑税收的影响，那么，用低于预期价值的股票替换估值公允的股票或许并不可取。[12]

假设我们发现一只股票的交易价格低于预期价值，并以 100 美元的价格买入这只股票。一年后，股票的交易价格达到 121 美元的预期价值，与 6% 的大盘市场收益率相比，我们可以取得 15% 的超额收益。此时，我们是否应该卖出这只股票呢？

这要看具体情况了。此时，我们需要考虑两种可能性。首先，我们继续持有该股票一年并取得 6% 的收益率，这仅相当于股权成本。当然，这种情景假设预期价值在一年中不发生改变。到第 2 年年底，股票价格再次上涨 6%，从每股 121 美元升至 128.25 美元。

现在，我们再考虑第二种可能性。假设我们出售股票，并用出售所得投资另一只股票。那么，要证明这次替换策略的合理性，新股票在第 2 年必须取得怎样的收益率呢？后来的事实表明，只有取得 10% 左右的收益率，或者说 4 个百分点的超额收益，才值得我们费这番周折。因为我们需要对出售第一只股票实现的 21 美元收益缴纳 20% 的长期资本利得税，即 4.20 美元。[13] 扣除税费成本，我们能用来投资新股票的资金只有 117 美元。考虑到原有股票在第 2 年年底可上涨到 128.25 美元，因此，投资新投资必须取得近 10% 的收益率，才能让这笔 117 美元在次年年底上涨到 128.25 美元。如果考虑交易成本的话，新投资需要达到的收益率会更高。因此，在合理考虑税收和交易成本后，更合理的选择或许是继续持有一只估值公允的股票，而不是卖出现有股票，转而买入交易价格略低于预期价值的新股票。

本章小结

- 只要预期价值大于股票价格，我们就有机会赚取超额收益。
- 超额收益的大小取决于股票价格相对于预期价值的折价比以及市场要在多长时间后才会修正原有预期。股价相对预期价值的折价越大，市场调整预期越及时，收益就越大。
- 作为投资者，卖出股票的三个主要原因是股价已达到预期价值、存在更好的投资机会或是他们主动下调价值预期。
- 在决定出售股票之前，必须考虑税收和交易成本造成的重大影响。
- 在你做出买入或卖出股票的决策时，务必要关注各种心理陷阱。

第八章

超越贴现现金流

在使用预期投资法时，我们经常会注意到，有些公司的价格隐含预期（PIE）过于乐观，以至于根本无法从现有业务和行业常态中得到解释。但我们不能由此便不加辨别地认为，这些预期过于乐观。对不确定性程度较高的公司而言，股票价格等于代表现有业务的未来贴现现金流价值与实物期权价值之和。其中，实物期权（real option）体现了不确定成长机会的价值。在本章中，我们将介绍如何直接利用某些实物期权估值技术放大预期投资法的优势。[1]此外，我们还会探讨反身理论（reflexivity）——它解释了股票价格如何影响企业的基本面。

不管怎么说，我们只需贴现现金流模型即可估计大多数企业的市场预期。但很多投资者已开始质疑该模型在估值中的作用，因为它很难解释某些初创企业，尤其是亏损初创企业为什么会拥有巨大的市值。但我们认为，只要辅之以针对目标公司的实物期权分析，贴现现金流模型即可一如既往地解决问题。

在实务中，对处于商业寿命周期早期阶段且历史经验业绩有限的初创企业而言，实物期权分析尤为重要。创建基础架构、建立品牌形象以及获取客户，都需要初创企业投入大量资金。但这些公司鲜有可观的收入，至于盈利更无从谈起。

实物期权的定义

实物期权法把金融期权理论用于制造工厂、产品线扩张以及研发等真实投资活动。[2] 通过金融期权，所有者有权选择按约定价格买卖有价证券，但无须承担必须执行该期权的义务。同样，进行战略性投资的公司也有权在未来利用这些机会，但也可根据需要放弃这些权利。实物期权体现为多种形式，具体包括以下几类。

- 在初始投资取得良好效果的情况下，管理层可以选择继续扩大战略投入。比如说，公司在进入新地域市场时，可以先创建一家配送中心，这样，一旦市场需求有了保障，公司就可以轻而易举地在新市场中实施扩张。
- 有些投资可以为公司扩大业务范围、向相关市场延伸提供平台。例如，亚马逊最初只是一家在线书店，但是在加大投资开发客户群、增强品牌实力和搭建基础架构的过程中，逐渐创建了一个拥有巨大价值创造效应的实物期权组合，为它们在未来几十年内行使权利、兑现价值提供了保证。
- 管理层可以先行开展小规模的试点投资，这样，如果试验效果不尽如人意，就可以选择放弃整个项目。研发支出就是最好的例子。公司未来是否会对产品开发进行投资，往往取决于在实验室条件下实现的具体业绩目标。因此，拥有放弃研究项目的选择权非常重要，因为公司可以根据具体情况分阶段进行投资，而不是一次全部投入，这就大大降低了整体资金的风险。

拥有酌情选择扩张、延伸和放弃的权利非常重要，因为它们为公司投资提供了巨大的可选性和灵活性。

投资所固有的或有属性

很多投资者和管理者都清楚，即使未来现金流现值等于或小于投入资本，项目仍有可能是有价值的。虽然这些项目目前的价值可能为零甚至是负数，但它们内嵌的灵活性或许可以给企业提供额外的价值来源。

灵活性可以通过两种方式创造价值。首先，管理层可以推迟一笔投资，管理者投入现金的时间应该是越晚越好，而非越早越好，因为资金是有时间价值的。其次，在期权到期之前，项目价值可能会发生变化。如果价值上升，公司的收益注定会得到改善；但即使价值减少，公司也不会进一步恶化，因为公司已无须进一步投资该项目。

包括贴现现金流模型在内的传统估值工具均未考虑期权的或有属性。我们始终笃信"要发财就要花钱"的理念，但事实并非如此，有的时候，花钱只会带来更多的损失。[3]

实物期权与金融期权

扩张和延伸业务的实物期权与金融看涨期权之间存在高度可比性。[4] 如果公司有机会超越传统业务范围寻求成长，那么，把这个机会创造的实物期权比作金融期权，对我们认识公司非常有启发。此时，我们应采用贴现现金流模型评估常规性业务成长的价值，并以实物期权方法考虑非常规创新项目的价值。

尽管实物期权和金融看涨期权并非完全趋同，但至少可以为我们提供有价值的参考依据。我们从实物期权分析中可以得到的洞见包括：了解公司可以在什么时候行使期权，触发行权决策的因素，以及不确定性给成长的期权价值带来哪些影响。

表 8-1 列示出对看涨期权和实物期权进行估值所需要的输入变量。布莱克－斯科尔斯（Black-Scholes）方程是众所周知的金融期权估值工具。不过，所有期权估值模型都离不开如下五个基本变量：[5]

（1）项目的价值 S：项目产生的全部预期自由现金流的现值。

（2）行使期权的成本 X：在时点 T 行使期权所需要的一次性增量投资。（请注意，X 是指未来价值，S 表示当前价值。）

（3）项目波动性 σ：表示项目未来价值可能出现的潜在变动性。使用者以希腊字母西格玛指代该变量。

（4）期权寿命 T：在不失去机会的前提下，公司可对投资进行推迟决策的时间。该变量通常以年表示。

（5）无风险收益率 r：通常以短期政府债务的利率表示。在评估期权价值时，无须估计风险调整后的贴现率（资本成本），因为变量 σ 已完全考虑了项目风险。

表8-1　以看涨期权解读投资机会的映射图

投资机会	看涨期权	变量
股票价格	项目价值	S
行权价格	项目成本	X
股价波动性	资产波动性	σ
期权寿命周期	期权寿命周期	T
无风险利率	无风险利率	r

在这个具体示例中，项目的净现值为负数，但该项目仍具有实物期权价值。如果市场对项目产品的需求持续增长，那么，公司计划将在未

来两年内继续扩大配送系统规模。这家公司预测，在两年之后，要从零起步建立一个新的配送中心，必须投入 4 000 万美元的资金（X= 4 000 万美元）；而且按目前最乐观的估计，这笔用作增量投资的自由现金流现值为 3 000 万美元（S =3 000 万美元）。

在假设这些预测数字准确的情况下，因为项目的预期收益（S）小于预期成本（X），因此，项目不能通过净现值测试。但由于市场需求可能会激增，因此，即使公司有可能不会行使这个期权，选择扩张的权利仍是有价值的。如果成本 X 不是公司可自由决定的，或是不依赖于某些未来结果的发生，那么，贴现现金流模型是一种正确的估值工具。但如果管理层可以根据自身考量灵活推迟或拒绝投资时，那么，贴现现金流会低估项目价值。

在这个例子中，管理层可在两年之后重新估计项目价值 S，并据此决定是否需要继续追加投资。如果项目价值 S 大于项目成本 X，公司会继续扩张，因为项目的净现值为正数。如果 S 小于 X，公司会选择停止追加投资，因为此时的项目净现值为负数。因此，在做出决策之前的两年、或者说现在，我们需要考虑目前推迟或拒绝投资所带来的灵活性，即重新评估这个期权的价值。这也是我们对实物期权估值的原因所在。

然后，我们再进一步探讨扩大配送中心业务规模的例子，以说明如何在实物期权计算中使用上述五个变量。在这里，我们假设，项目价值 S 为 3 000 万美元，项目成本 X 等于 4 000 万美元，期权寿命 T 为两年。此外，我们还假设，项目每年的波动率 σ 为 50%，无风险年利率为 0.15%。把这些输入变量插入以布莱克 – 斯科尔斯模型为基础的期权计算公式中，我们发现，针对扩大配送系统规模的期权价值为 540 万美元。

在这里，即使不考虑期权定价模型的复杂性，我们也能理解给实物期权带来价值的基本要素。随着项目净现值（$S-X$）的增加，推迟决策时间（T）的延长，或是不确定性（σ）的加剧，期权价值将有所提高。

实物期权的估值

我们可以利用布莱克 – 斯科尔斯公式直接计算实物期权的价值。但如果采用可覆盖输入变量潜在变动范围的查询表，会让估值过程更便利，也更直观。表 8-2 改编自金融学教授理查德·布雷利（Richard Brealey）和斯图尔特·迈尔斯（Stewart Myers）撰写的全球知名金融学教材。[6]

该表把期权的五个输入变量归结为一个简单的双变量查询表。其中，表 8-2a 代表两年到期的成长期权，表 8-2b 代表三年到期的成长期权。两表格中的数字均为占项目价值 S 的百分比。使用布莱克－斯科尔斯公式，我们即可通过重复计算得到表格中各单元格的对应数字。[7]在这里，波动率取值范围基本可以覆盖大多数行业。

表8-2　期权价值查询表

| | | a：到期时间 =2 年 | | | | |
| | | S/X | | | | |
		0.50	0.75	1.00	1.25	1.50
	0.25	0.5%	4.8%	14.2%	25.2%	35.3%
	0.50	8.4%	18.2%	27.7%	36.2%	43.3%
年波动率（σ）	0.75	21.5%	32.1%	40.5%	47.2%	52.6%
	1.00	35.5%	45.2%	52.1%	57.4%	61.6%
	1.25	48.7%	56.8%	62.4%	66.5%	69.7%
		b：到期时间 =3 年				
		S/X				
		0.50	0.75	1.00	1.25	1.50
	0.25	1.4%	7.6%	17.3%	27.6%	36.8%
	0.50	14.0%	24.5%	33.6%	41.2%	47.5%
年波动率（σ）	0.75	31.0%	41.1%	48.5%	54.2%	58.8%
	1.00	47.5%	55.8%	61.4%	65.6%	68.9%
	1.25	61.7%	68.0%	72.2%	75.2%	77.5%

注：期权价值表示为占项目价值 S 的百分比；$r = 0.15\%$；计算方法采用欧式期权模型。

表中显示了 S/X 比率的不同取值。请注意，行权成本 X 对应于决策时点。在计算公司目前的项目成本时，我们采取的是 X 的现值，即 $X/(1+r)^T$。因此，如以现值作为 X 的取值，会导致期权价值占 S 的百分比略有提高。当然，要确保实物期权估值的合理性是有条件的：要么拥有可以有行使期权的自有资金，要么能在行权时从外部筹集到相应资金。

在公司进行决策时，如果项目净现值为零，S/X 等于 1.0。[8] 如果 S/X 大于 1.0，表示项目在决策时点的净现值大于零。S/X 比小于 1.0 则表示项目在决策时点的净现值为负数。

潜在项目价值 S/X 取决于两个关键要素。第一个因素是公司在既定的竞争地位与行业整体收益率的情况下可以实现的投资收益率。假设的收益率越高，S/X 就越大。此外，我们还要考虑竞争对手的行权策略。[9] 在很多行业，竞争会促使收益率回归资本成本的水平（相当于 S/X 为 1.0）。第二个因素是已创造出实物期权价值的历史投资规模。如果公司已经为创造期权投入大量资金，那么，它们在后期只需以少量追加投资即可撬动新的机会。[10]

决定期权价值的另一个重要因素是波动性，即项目价值 S 在未来的变动性。表 8-2 的各行对应于的一系列年波动率（σ）取值。看涨期权本身内置下行保护功能。期权价值随 S 潜在价值的增加而增加。但如果 S 的潜在价值较低时，期权价值不会随之下降，因为在 S 下降到足够低的时候，公司就会选择不行使期权。因此，较高波动性会导致期权价值相对较高。

波动性是项目未来价值的内在特征，但在通常情况下难以精确衡量。对股票期权而言，相应的输入应为未来股票收益率的波动性，因此，投资者既可以根据历史股票收益率直接估算波动率，也可以通过股票期权交易间接推导波动率。[11]

对于按当前业务模式直接实施扩展或延伸的大型业务项目，我们只需使用股票价格波动率估计潜在的价值区间。有些项目则采取了完全不同于公司当前业务模型的其他方式。[12] 因此，这里最重要的建议是：一定要确保波动性的估计值与新业务的价值区间相对应。

为说明上述变量查询表的使用方法，我们不妨重新计算未来扩大配送中心业务规模形成的期权。变量的初始取值如下所示：

S=3 000万美元

X=4 000万美元

σ=50%

T=2年

r =0.15%

在这种情况下，S/X 为 0.75（=30/40）。按照表 8-2a，我们可以得到期权价值为 S 的 18.2%，即 546（=0.182×3 000 万美元）万美元。[⊖]

针对实物期权，表 8-2 为我们提供了如下显而易见的洞见。

- 实物期权价值随着 S 相对 X 比率的增加而增加（在表格中体现为由左向右的变动趋势）、波动性的提高（体现为由上向下的趋势）以及期权寿命的延长（体现为表 8-2a 和表 8-2b 的比较），实物期权的价值也会相应增加。
- 即使 S 远低于 X，实物期权也是有价值的。（体现为 S/X=0.50 和 0.75 两种情况的期权价值。）折现现金流忽略了这个价值，因而会低估嵌入期权性资产的价值。
- 实物期权的价值是有限的。需要提醒的是，表中的期权价值永远不会超过标的资产 S 的价值。

⊖ 原书为 540 万美元，疑有误。——译者注

尽管表 8-2 内容有限，格式也很紧凑，但它覆盖了波动性和潜在项目价值的较大变动区间。我们可以将如下波动率基准作为粗略的检验标准：

- 大盘股公司股价的年均波动率在 35% ～ 45%。
- 大宗消费品公司股价的波动性非常低，年均波动率只有 30% ～ 35%。
- 信息技术类股票的年均波动率通常在 40% ～ 50%。
- 生物技术和初创性科技公司的年均波动率则高达 50% ～ 100%。[13]

在构建表 8-2 时，我们只考虑 2 年和 3 年寿命期的期权，原因很简单：在竞争激烈的产品市场中，公司可推迟投资的期间是有限的，再长时间的推迟意味着机会已不复存在。期限较长的期权通常为后续期权，即只有在公司成功行使第一个近期期权后才可取得。这些后续期权的价值通常仅为近期实物期权价值的一小部分。

什么时候在预期投资中进行实物期权分析

大多数关于实物期权的文献只针对公司管理者及其资本配置决策。但我们考虑的情景是，嵌入股票价格中的预期高于行业标准，而且这些预期中的部分体现为实物期权。而且我们的分析目标是利用这种思维为买入、卖出或持有个股提供决策依据。因此，我们的第一步就是从如下两个维度对公司及其股票进行估值：首先是实物期权的潜在价值，以判断公司是否可能拥有实质性的实物期权价值；其次是实物期权的推断价值，即市场对可能存在的实物期权赋予价值。

在如下情景中，实物期权的潜在价值或许不可忽略。

- 必须存在高度不确定性或是结果存在明显波动性。在波动性较低的行业，几乎不存在实物期权的价值。比如说，咨询公司就属于波动性较低的行业。这些公司通常按小时标准提供服务，因此，它们发现很难找到意料之外的收益空间。

- 管理团队必须拥有在动态环境中创造、识别、评估和灵活把握市场机会的战略眼光。实物期权的存在本身，并不能保证公司一定会实现它们所包含的潜在价值。及时性和灵活性对于实物期权价值潜能的实现尤为重要。对拥有诸多管理层级、决策流程异常缓慢的大公司而言，实物期权的成功或许只是黄粱一梦。

- 企业必须是市场领导者。占据市场领导地位的企业往往更善于识别以扩张和延伸创造价值的潜在机会。Facebook 和亚马逊等拥有的市场地位，让它们拥有其他竞争对手无从获取的成长期权。此外，市场领导者还可以巩固其实物期权的专属性，从而为自己保留更多创造价值的机会。

下面，我们把焦点转移到由市场推断的实物期权价值——它是当前股价与根据现有业务一致性估计得到的贴现现金流价值之差。

衡量市场推断的实物期权价值是对预期投资法的直接引申。归根到底，在估计现有业务的价格隐含预期时（见第五章），我们需要对所做假设做重大调整：不再去求解市场隐含的预测期，而是对现有业务的预测期进行假设。

为什么会这样呢？因为以股票价格求解预测期的做法本身就不正确，市场价格可能会包括实物期权的价值，而我们希望解读的仅仅是现有业务的预期，也就是说，市场价格和市场预期之间并不匹配。考虑到价格中还包括实物期权的价值部分，因此，对拥有实物期权的公司而言，市场隐含预测期必定会夸大正确的期间，有时甚至夸大很多年。[14]

我们可以用实物期权价值解释股票市场价值与现有业务估值之间的差异（见图 8-1）。此时，我们需要解决的问题，就是确定推算实物期权价值的变量取值是否合理。

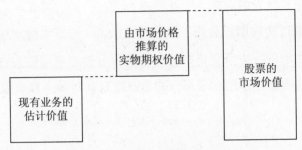

图 8-1　推算的实物期权价值

现有企业价值和实物期权价值并非截然分开，但存在于两者之间的模糊地带并不妨碍预期投资法。事实上，这恰恰突出了预期投资法的优势，因为它可以检验现有企业价值和推算实物期权价值之和的合理性。由于这个总和永远等于当前市场价值，因此，现有企业价值的任何高估或低估，都会按相同金额减少或增加推算实物期权的价值。

为此，我们开发了一个简单的矩阵，以确定什么时候需要在预期投资过程中进行实物期权分析（见图 8-2）。利用这个矩阵，我们就可以确定，在什么情况下，实物期权的潜在价值会脱离嵌入在股票价格中的实际实物期权价值。该矩阵由四个象限构成。

- **无须进行实物期权分析**（潜在价值较低 / 推算实物期权价值较低）。这种组合涵盖了大多数成熟型公司。此时，我们只须采取标准的预期投资流程（见第五章到第七章）。
- **潜在的买入对象**（潜在价值较高 / 推算实物期权价值较低）。在本质上，我们对实物期权的估值均高于市场价值。如果这个差异非常大，该股票就会成为潜在的买入对象。

- **潜在的卖出对象**（潜在价值较低／推算实物期权价值较高）。与上述情景恰好相反：市场对实物期权的估值高于投资者的估值。当这个差距足够大的时候，股票就成为潜在的卖出对象。

- **需要进行实物期权分析**（潜在价值较高／推算实物期权价值较高）。在这个象限，进行更详细的实物期权分析，有可能为投资者带来最大潜在收益。本节剩余部分的重点就是针对属于该象限的公司。

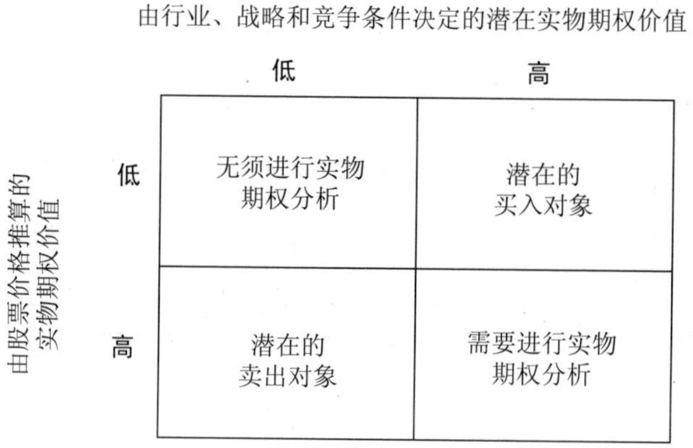

由行业、战略和竞争条件决定的潜在实物期权价值

图 8-2 实物期权的潜在价值与推算价值

这种分析的最终目标，就是评估项目价值以及验证推算实物期权价值所需要的总投资支出是否合理。换句话说，公司能否实现股票价格所隐含的潜在价值？要回答这个问题，我们首先需要确定的是，市场机会和投资的潜在规模是否符合公司的市场规模、融资能力、管理资源及竞争能力。

Shopify公司的实物期权价值分析

Shopify 是一家加拿大电商平台，为商家创建、发展、营销及管理全渠道零售业务提供第三方工具。当然，这家公司也为我们认识实物期权价值提供了一个有指导意义的案例。在 2020 年 9 月的时候，Shopify 不仅拥有巨大的市场价值潜力，其股价也嵌入了可观的实物期权价值。在进行分析时，公司的股票交易价格为 900 美元，市值约为 1 000 亿美元。本次分析的焦点在于，怎样的现有企业价值与实物期权价值组合才能验证市场价格的合理性。

以预期投资法分析实物期权价值的过程包括四个步骤：

步骤1：估计潜在实物期权价值

基于如下原因，我们认为，Shopify 是一家明显拥有潜在实物期权价值的公司。

- 公司身处充满活力、竞争激烈的电子商务市场。品类增长、竞争威胁、扩张机会和不断演进的商业模式，都造成了这个行业的高度不确定性。
- 在公司创始人兼首席执行官托比亚斯·鲁特克（Tobias Lütke）的领导下，管理团队在创造、识别和行使实物期权方面的表现已得到市场认可。成功开展配送业务就是一个例子。
- 强大的规模经济和范围经济优势让 Shopify 成为名副其实的市场领导者。凭借这种领导地位，它们才有机会和 Facebook、沃尔玛以及亚马逊等行业巨头开展业务合作。

步骤2：依据股票价格评估推算实物期权价值

根据历史信息、《价值线投资调查》的预测、股票分析师的研究报告以及我们自身对 Shopify 目前业务前景的评估，我们完成了销售增长率、营业利润率和投资增长率的 5 年期预测。然后，我们再把这些预测继续向未来延伸 5 年，从而得到按 10 年预测期假设的完整预测结果。不出意料的是，销售增长率成为当之无愧的超级触发器。针对现有业务，Shopify 对前 5 年预测的年均销售额增长率约为 38%，随后 5 年的增长率下降为 35%。显然，要实现这样的增长率，Shopify 必须在市场开发方面取得突破性进展。此外，贴现现金流模型假设，公司可以实现的营业利润率略超过 10%。

根据这些预期，Shopify 现有业务的估值约为每股 800 美元。换句话说，在公司股票的 900 美元价格中，100 美元可以归结于由价格推算而来的实物期权价值（见表 8-3）。与每股 100 美元价值计算对应的公司价值略高 110 亿美元。

表8-3　Shopify 的推算实物期权价值

股票价格（2020 年 9 月 21 日）	900 美元
现有业务价值	−800 美元
推算实物期权价值	110 亿美元 =1.13 亿股 ×100 美元 / 股

步骤3：推算与项目价值（S）和投资支出（X）所对应的必要规模

我们假设 Shopify 的合理 S/X 比率为 0.75，这意味着，Shopify 行使战略期权的成本大于增量自由现金流的现值。因为我们假设行使实物期权的结果就是扩大 Shopify 的现有业务，因此，我们直接采用公司股票价格衡量历史波动率，结果为 50%。最后，我们假设期权的到期时间为 3 年。根据表 8-2b 中的数据，我们看到，实物期权的价值约为 S 的 25%。

根据这些数据，我们可以提出两个重要问题：要得到 110 亿美元的推算实物期权价值，需要潜在项目价值（S）达到多大规模？要得到 110 亿美元的推算实物期权价值，需要实物期权的潜在行使成本（X）为多少？

推算 S 的过程如下所示：首先，我们已知推算实物期权价值为 110 亿美元。潜在的实物期权价值为 S 的 25%。如果推算价值等于潜在价值，那么，S 必须达到 450 亿美元左右。这对应了一个价值 450 亿美元的市场机会。

估算 X 的过程如下所示：推算实物期权价值为 110 亿美元。如 S 为 450 亿美元，且 S/X 为 0.75，那么，为保证潜在实物期权价值等于推算价值，X 必然为 600 亿美元。换句话说，如果这些数字是准确的，那么，在对 Shopify 股票定价时，我们可以认为，投资者相信公司会在未来 3 年内投资 600 亿美元来执行该实物期权。

为了对这些结果进行敏感性分析，我们需要为 S/X 设定不同取值。（需要提醒的是，考虑到波动性属于 Shopify 的内在特征，我们在分析时假设波动性维持不变。）例如，如果我们假设 S/X 为 1.0，那么，S 和 X 均约为 340 亿美元。

步骤4：评估 S 和 X 取值结果的合理性

我们首先考虑这个市场机会（S）的合理性。归根到底，要验证 110 亿美元估算期权价值（假设年波动率为 50%）的合理性，就需要 Shopify 在今天拥有 450 亿美元的市场机会。那么，这个市场机会的规定是否合理呢？

现在，我们不妨看看 X 的合理性。600 亿美元的投资规模显然是非常可观的。按相对宽松的假设，Shopify 在前 3 年的投资总额不到 20 亿美元。

于是，我们在对 S 和 X 进行合理性分析时，必然会面对如下关键问题：

- Shopify 还可以从事其他哪些电商活动？
- 公司在全球范围内还有哪些扩张机会？
- 公司是否可以利用对商家的理解提供附加软件或服务？
- 是否有哪些公司真的愿意花这么多钱，却只能取得与较小投资相同的回报？抑或是规模带来的收益递减呢？

本书之前以亚马逊作为实物期权的案例研究。事实上，亚马逊似乎已开发并行使了大量实物期权，包括 Amazon Web Services 等新的业务线。[15]但在 2000 年互联网泡沫破裂后的三年熊市中，公司股价一蹶不振，这让亚马逊几乎无力通过新投资为实物期权的价值提供支持。换句话说，低股价彻底切断了亚马逊行使期权所需要的资金来源。这也再次强调了存在于股票价格和企业基本面之间的反馈环路。

反身性

投资者和公司管理者普遍认为，股价反映的是市场对公司未来财务业绩的预期，但投资者很少关注股价本身对公司业绩的影响。而预期投资法的一个重要观点，就是存在于公司股价与企业基本面之间的反馈环路。这种环路对严重依赖高股价的初创公司尤为重要。[16]

投资大师乔治·索罗斯把这种动态的反馈环路称为反身性。对此，索罗斯给出了这样的总结："股票价格不仅仅是被动反映公司基本面；在决定股票价格以及被交易公司价值的过程中，它也是最活跃的要素之一。"[17]现在，我们开始探讨反身性会如何影响到针对成长的融资能力以及公司吸引和挽留关键员工的能力。

成长性融资

在很多行业中，初创公司往往都会高度依赖股权融资。当公司披露的业绩指标持续低于预期时，往往会导致投资者对其商业模式的可行性提出质疑。由此造成的股价暴跌，只会让他们难以接受发行新股的成本，甚至彻底丧失发行新股的机会。反过来，这种境况又会妨碍甚至彻底阻断公司实施追求成长、创造价值的战略。当投资者开始意识到这个问题时，股价往往会陷入不可逆转的螺旋式下降。

这种恶性循环不仅限制了公司的成长能力，有时甚至会招致破产或以较大折价而被外部投资者收购。最典型莫过于贝尔斯登和雷曼兄弟等几家投资银行在 2008 年金融危机期间的遭遇。当时，这些公司需要大量资金挽回败局，而股价下跌却意味着它们已彻底丧失筹集股权资金的机会。最终，贝尔斯登以不可思议的低价格被摩根大通收购，而雷曼兄弟则直接提出破产申请。

很多初创企业依赖收购实现成长。在它们当中，大多数公司通过发行股票筹集收购资金，这也是公司为追求增长而采取的另一种融资方式。[18] 但如果股票市场表现不佳的话，只会让以股票筹集收购资金的成本太高，甚至根本不可行。即便是股价抢眼的公司，我们也不能理所当然地以为，股票融资没有任何风险。但如果市场直接以打压收购方股价来否定一笔收购，那几乎可以肯定的是，未来收购之路必定荆棘密布。

吸引和挽留关键员工

初创企业往往要面对竞争异常激烈的劳动力市场，因此，如果不能为现有员工及潜在员工提供值得期待的股票薪酬，它们必定会在竞争中不堪一击。萎靡不振的股价会让股票薪酬的价值严重缩水。而薪酬资源的减少不仅会让公司的现有员工感到希望渺茫，更会让潜在员工望而却步。另外，当投资者意识到这种人力资源危机时，股价的螺旋式下降或将进一步加速。

股票薪酬实际上相当于两个交易的合二为一。[19] 首先是公司出售股票——相当于股权融资；其次，用这笔融资支付员工的报酬。因此，股价必然会对公司财务状况及其吸引和挽留人才的能力造成影响。

此外，股价疲软还会削弱其他关键群体对公司的信心，包括客户、供应商以及潜在战略合作伙伴等。多方力量归于一处，只会让公司陷入万劫不复之地。

反身性效应

反身性会给预期投资者带来如下几个方面的影响。首先，投资者需要知道，在评估公司的预期价值时，是否需要考虑反身性的影响。不加分辨地接受公司的成长战略，完全不考虑因股票业绩不佳而造成的融资风险，可能会带来令人失望的投资结果。

因此，我们建议，在估算一只股票的预期价值时，应充分评估这种最悲观的情景。出现这种结果的概率在很大程度上取决于管理层的远见和执行技能，以及公司能否让市场相信，它们拥有合理而稳健的商业模式。换句话说，它们必须说服市场：即使面对持续的经营亏损，公司依旧值得拥有高股价。

归根结底，对正处于快速成长期而且资金紧张的初创企业而言，投资者必须认识到，这些公司不仅要承担其他所有公司都要面对的常规性经营风险，还要承担因股价下跌而导致公司无法执行成长战略的风险。

本章小结

- 贴现现金流模型会低估灵活性所带来的价值。因此，对拥有诸多不确定性的企业而言，漠视灵活性的价值会导致投资者误读价格隐含预期。
- 实物期权反映的是未来不确定机会所带来的潜在价值。
- 要兼顾公司的潜在实物期权价值以及由市场推算而来的实物期权价值，从而判断实物期权分析是否合理恰当。
- 反身性是指从基本面到股价以及再从股价到基本面的互动式动态反馈环路，它是预期投资分析过程不可忽视的一个环节。

| 第九章 |

超脱经济版图的价值真谛

股票市场的价值已发生翻天覆地的巨大变迁，尤其是苹果、亚马逊、微软以及谷歌母公司 Alphabet 等大型科技股的崛起，促使某些投资者要求我们以新的规则来认识价值。但我们显然不接受这样的观念。毕竟，最基本的经济规律经久不衰，而且迄今为止依旧足够稳健，它们对价值创造真谛的感知，早已超越公司类型和商业模式的束缚。价值创造原则是连接所有企业的纽带，正因为如此，也让它们成为预期投资过程的核心。

至于这些倡导新价值规则的论断，我们轻而易举地即可指出其中的若干问题。首先，每股收益和市盈率等传统价值标准在解释市场价值方面的效力已大不如前。[1]造成这种局面的很大一部分原因在于，公司目前在无形投资上的支出已达到有形投资的两倍多，而无形资产与有形资产投资比在 20 世纪 70 年代的时候还只有 1/2 左右。正如我们在讨论股票市场价值时所指出的那样，这种变化非常重要，因为无形投资支出被计入利润表中的费用科目，而有形投资则以资本化形式被计入资产负债表。因此，与主要投资有形资产的公司相比，以无形资产投资为主的公司在收益和账面价值上似乎相对偏低。

但会计师记录投资的方式显然不会影响公司的真实价值。不管我们把 100 万美元投资于被费用化的知识性资产还是可计提折旧的实物性资产，它们所对应的自由现金流都是相同的。

其次，无形资产的属性完全不同于有形资产。经济学家当然很清楚这一点。但企业特征的变化同样不会改变市场的基本估值模型。

为说明这一点，我们把全部企业划分为三大类：实体型公司、服务型公司和知识型公司。对每一类公司，我们会突出强调其独有的特征，并着重分析价值因素，从而帮助我们识别最有可能发生实质性预期修正的来源。通过分析，我们将会看到，预期投资法具有高度的灵活性，因而适用于经济环境中形形色色的各类公司。

公司类别

我们首先给出每一种类型公司的定义。我们都知道，大多数公司的活动都会涉及若干类别。而我们对公司分类的目标，完全是为了定义影响现金流及预期修正的关键因素。

- **实体型公司**。对实体公司而言，制造和销售设施、设备、仓库以及存货等有形资产是它们创造价值的重要依托。典型的实体型公司包括钢铁、汽车、造纸和化工等制造型行业以及零售商、餐饮和住宿等消费服务行业。

- **服务型公司**。服务型公司以人为创造竞争优势为依托，通常以一对一方式为客户提供专业服务。这一类公司主要包括广告公司、咨询公司和金融服务型公司。服务型公司的销售增长取决于员工人数的增加以及员工的能力。因此，员工成本通常在这些企业的总成本中占有相当大比例。

- **知识型公司**。毋庸置疑，人才永远是知识型企业创造竞争优势的第一要素。但这些企业不是为个别客户提供定制化服务，而是使用智力资本开发初始产品，在试验成功后进行批量生产。软件、音乐和制药公司就属于这样的公司。创新和市场偏好的持续性，意味着知识型企业需要不断改进现有产品、开发新产品。

不同类别公司的特征

尽管基本经济规律适用于所有类型的企业，但每一类公司还是有其个性化特征，因此可能要面对不同的预期修正路径。

投资触发器与可扩展性

要实现成长，实体企业就必须增加实体资产，而服务企业则需要增加人员。换句话说，额外产能的需求会触发公司的再投资。但产能的周期性需求会限制公司的可扩展性（scalability），或者说，以超过成本增长的速度维持销售增长的能力。相比而言，知识型公司有着很强的可扩展性，一旦产品开发成功，复制和分销的成本则相对有限。

一个典型的例子就是纳斯达克集团公司（Nasdaq，Inc.），公司的主要业务就是持有并经营纳斯达克证券交易所。公司计划在 2020 年减少对本地数据中心的投入，转而谋求市场需求最火爆的公共云业务。公共云的主要供应商包括 Amazon Web service 以及微软的 Azure，它们在全球范围内提供计算机处理和网络存储等服务。2020 年 3 月，资本市场的火爆引发交易量激增，由于纳斯达克仍采用内部数据中心，因此，技术人员不得不以人工方式提高交易所的数据处理能力，而其他已经把数据转移给云平台的交易所则临危不乱。

提到这次转型,纳斯达克的首席技术和信息官布拉德·彼得森(Brad Peterson)说:"真正的好处就是扩展交易所的现有能力,并引入新的功能。"他指出,2020年3月的事件表明,"在依赖传统基础设施的情况下,增加容量要困难得多。"[2]

并非所有知识型公司都具有高度可扩展性,因为市场所容纳的知识型产品本身就相对有限。即使是那些确实被市场接受的产品,往往也很快就会过时。而无时不在的产品过时威胁会引发公司不断进行新的投资。

20世纪90年代后期,美国在线(AOL)和雅虎还是全球互联网行业的领军者,这两家公司如今的境地令人唏嘘不已,也让我们充分体会到知识产品更新换代的快节奏。雅虎的最高市值一度超过1 200亿美元,2008年,它们拒绝了微软450亿美元的收购要约。AOL的市值也曾经达到2 000亿美元以上,在2000年宣布与时代华纳合并的时候,公司估值为1 650亿美元。这次合并也被视为公司历史上最糟糕的交易之一。电信巨头威瑞森通讯(Verizon)先是在2015年收购了美国在线,而后又在2017年收购雅虎,两次收购的对价均不到50亿美元。

竞争性与排他性

随着销售额的增加,实体型与服务型企业的单位成本通常会有所下降。但这种成本递减的程度是有限的。实际上,当公司为获取稀缺性资源而追加投入或是陷入规模过大以及官僚作风造成的低效时,单位成本反而会重新上升。再考虑到竞争造成的压力,注定会让公司遭遇收益递减的厄运。

知识型公司在很大程度上不受稀缺资源的限制,因为其产品的一个本质性特征就是差异化。这也是竞争性产品和非竞争性产品的主要区别。[3]对于竞争性产品,个别人的消费或使用会立即减少供其他人使用的数量。

汽车、钢笔和衬衫就是典型的竞争性产品。知识型公司的产品（非竞争性产品）可以被很多人同时使用。这些公司通常会以很高的成本开发产品雏形，但是在开发成功之后，就可以按很低的成本实现批量生产和分销。软件就是最经典的非竞争性产品，按同样的代码或公式可以复制无限数量的产品。因为这些商品的使用无须追加稀缺性投入，因此，随着产量不断增加，增量成本不断减少，两方面因素相互叠加，必然会带来收益递增。

排他性是指限制非授权者使用产品的能力，这也是竞争性产品和非竞争性产品的另一个重要区别。私人持有的实物资产通常都具有排他性，因为产权为保证所有者的受益权提供了法律保障。但由于知识产品具有高度的可传播性和普及性，因而通常不具有排他性。这意味着，知识产品被未经授权者使用的风险很高，从而易让知识资产的开发者面临无法收回投资的尴尬境地。

知识资产的具体排他性程度取决于技术以及专利权和版权等法律制度。凭借知识产权领域的研究成果而获得诺贝尔奖的经济学家保罗·罗默（Paul Romer）指出，知识资产可以拥有"部分的排他性"，这反而有可能让资产拥有者实现投资收益的最大化。

供给侧与需求侧的规模经济效应

随着产量的增加，如果实体型公司和服务型公司能以较低单位成本开展关键性业务活动，那么，此时就会出现供给方的规模经济。但重要的是，由于组织层级和官僚机制带来的低效，供给方规模经济会在公司主导市场之前便遭遇瓶颈。因此，实体类或服务类公司很少会成为市场份额的主导者。[4]

知识型公司的规模经济效应通常源于正反馈效应——强者愈强，弱者愈弱。尽管供给方和需求方都会影响规模经济，但起主导作用的是需求方，而非供给方。当商品或服务的价值随着使用者人数的增加而提高时，就会出现需求侧的规模经济效应。优步的拼车业务、WhatsApp 的消息提示系统以及 Yelp 的餐厅评论都是颇具启发性的案例。随着新成员加入用户群，正反馈效应往往会增强，因为对知识业务而言，使用人数增加带来的单位增量成本非常有限。这种正反馈效应最终可能会造成赢者通吃的局面。

表 9-1 总结了这些企业类别的基本特征。需要提醒的是，即便是在同一类别或行业中，不同公司往往也会采取截然不同的商业模式，并以不同的战略蓝图去追求股东价值。实际上，这些差异恰恰是公司在权衡产品质量、技术、成本定位、服务、定价、品牌地位、合作伙伴关系以及分销渠道等多方面因素的基础上进行战略选择的结果。而这些选择和类别特征也塑造了预期架构的销售、成本及投资行为。

表9-1 不同公司类别的主要特征

	实体型	服务型	知识型
优势来源	资产	人	人
投资触发器	产能	产能	产品过时风险
可扩展性	低	低	高
产品	竞争性	竞争性与非竞争性的结合	非竞争性
保护性资本	柔性	刚性	刚性
规模经济	供给侧	供给侧	需求侧

业务类别与价值因素

现在，我们从价值因素的角度认识这些业务类别。为简单起见，我们将销售量以及价格和产品组合这两个价值因素结合起来。我们的目标是为了说明预期架构（见图 9-1）的高度适应性与灵活性，因而能捕捉所有业务类别的运营机制，进而帮助我们识别预期修正的潜在源泉。

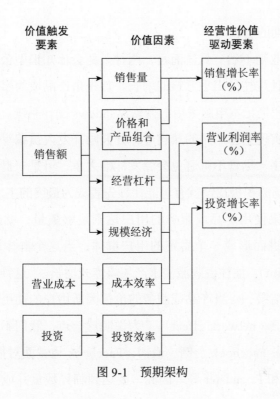

图 9-1 预期架构

销售量与价格和产品组合

对于实体型企业，销售利润与有形资产的增长及资产的利用效率有关。以传统零售连锁店为例，开设更多的门店，或是重新配置现有门店，都会提高销售增长预期。销售增长率与实物资产呈线性关系。有些零售商凭借出色的商业模式或执行能力确实让其他零售商俯首称臣。但归根到底，销售的增长还要依赖于资产的增加。

服务型企业与之类似。员工数量的增加和生产效率的提高会带来销售额的增长。比如说，证券经纪公司可以通过增加专业人士，为客户提供更多的专业服务，从而增加收入并实现发展。员工人数与销售额密切相关。对实体型企业和服务型企业而言，资产和人员的数量增加与效率提高会刺激销售增长预期的上调。

知识型企业则不然。具体而言，两种条件会让知识型公司实现爆炸性销售增长，而且往往是出乎意料的增长。首先是产品成为事实上的市场标准，如台式机和笔记本电脑采用的微软 Windows 操作系统。一旦成为行业标准，就可以实现全体用户的兼容性，并鼓励开发人员编写与之形成互补的软件应用程序。尽管不可避免会爆发标准之争，可是一旦在这场竞争中领先一步，市场的积极反馈就有可能让领先者成为最终的主宰者。

其次，如果使用产品或服务的用户达到足够数量，就会形成可自我维系的增长，进而形成一个稳定的用户群体，当这个群体规模达到引爆点（tipping point），往往会刺激需求产生爆炸式增长。[5] 这种增长是网络效应带来的直接结果——当产品或服务的价值因新用户的使用而增加时，就会带来网络价值（network effect）。[6] 为说明这一点，我们不妨以全球最大的社交网络平台 Facebook 为例。最初，Facebook 也曾面对很多竞争对手，包括 Myspace 和 Friendster 等。因此，要达到临界数量并成为用户首选的社交网络，Facebook 就需要拥有足够大的用户基础。一旦达到某个临界点，公司就会成为广告商的宠儿。当 Facebook 成为无数用户的汇聚焦点时，新的会员和广告商自然会纷至沓来。此外，新成员的加入不仅会让现有用户坐享其成，也让网站对更多潜在用户产生巨大的诱惑力。

产品标准的采纳及销售增长的基本模式服从 S 曲线。增长开始较为缓慢，但呈现出加速态势，在达到一定水平后重新趋于平缓。这条增长路径的原动力来自需求侧的规模经济效应，而且这不仅是以往预期修正的主要来源，也是寻找未来预期修正的主要方向。赢家将占据最大的市场份额，而输家只能眼巴巴地看着潜在客户接二连三地奔向对手。[7]

对知识型公司而言，我们切不可过度热情。在赢家通吃的市场上，每个赢家的脚下都躺着无数个输家。尽管这些输家也要承担与赢家相近的投资成本，但它们创造的收入远不足以收回成本。因此，对投资者而言，成功的关键就在于区分赢家和输家。

销售增长率取决于销售量以及价格与产品组合。有些实体型和服务型公司可以通过提高销售价格、改善产品组合或是采取两者兼而有之的手段，提高销售增长率与营业利润率。如果公司让消费者感受到的价值高于竞争对手——比如苹果或 Gucci，那么，它们就可以提高产品定价。这就让它们有机会实现销售增长率超过成本的增长速度。此外，还有一些公司通过改善产品组合来提高利润率。但我们也听说过，少数公司创造长期股东价值的唯一手段，就是提高定价或是改善产品。但这些价值要素或许只是预期修正的短期源泉。

经营杠杆

所有企业都要面对产前成本，即在通过产品或服务创造销售之前发生的成本。无论是产前成本的重要性，还是初始成本支出到实现销售之间的时间差，都会因类别和公司而异。但产前成本毕竟是已经沉没的成本，只有在实现销售的情况下，它们才是有意义的。

有些实体型企业需要在实现销售前投入大量资金，才能达到满足预期需求的产能。公司的近期目标是充分利用闲置产能。但随着销售额的增加，闲置产能得到利用，公司就可以把股东的产前成本分摊给更多的产品，从而获得经营杠杆效应。最终的结果，就是降低单位平均成本，提高营业利润率。太阳能电池板的制造业务就是一个很好的示例。近几十年来，随着产能增长，太阳能电池板的制造成本开始大幅减少。科研人员分析了这种变化的根源，并提到经营杠杆的作用，它们指出："大型工厂把基础设施成本分摊到更多的产量中，从而实现了成本节约。"[8]

大多数知识产品的前期开发生产成本非常高，但后期的复制和分销成本相对较低。软件就是最典型的例子。微软每年花费数十亿美元用于开发软件。一旦完成代码编写，公司就可以按较低成本进行复制和更新。由于产品的大部分成本是固定的，因此，用户数量的增加自然会降低单位软件的平均成本。

药物开发是另一种产前成本非常高的知识型业务。[9] 根据医学研究人员的估计，产品从开发到最终取得食品药品监督管理局（FDA）的批准，可能需要花费 1.4 亿～ 26 亿美元的支出。但随着需求的增长，经营杠杆效应会越来越显著。生产出第一颗药丸的成本可能高得惊人，但第 20 亿颗药丸的边际成本可能只有几美分，因为产前成本几乎已被后期产量全部吸收。

但经营杠杆也不会无止境地扩大经营利润率。相反，它的放大作用只是一种暂时现象，毕竟，无论是实体型企业还是服务型企业，一旦产能耗尽，就需要追加投资，增加新产能；而知识型企业也需要通过开发新产品来避免产品过时。但不管怎样说，经营杠杆仍旧是预期修正的重要来源。

规模经济

在通过增加销售额降低单位成本的过程中，无论是实体型、服务型还是知识型公司，通常都会获得规模经济。而成功实现规模经济的公司，自然会享有更高的营业利润率。

最有说服力的例子就是批量采购。从原材料和供应品等有形资产到营销与广告服务等无形资产，当大公司在向供应商批量采购这些物资或服务时，往往可以支付相对较少的费用。

在 2008 年收购 CSK 汽车集团后，汽配零售商奥莱利汽车公司（O'Reilly Automotive）展现出规模经济的优势，这也是奥莱利有史以来完成的最大的一次收购。由于收购带来约 40 亿美元的销售额，使得公司的毛利率从 2012 年的 50.1% 提高到 2019 年的 53.1%。对于利润率的提高，公司认为成功的关键在于两个方面：首先是收购带来的销量增长；其次，是"我们与供应商共同采购并建立合理的成本结构，将零部件生产配置在全球最理想的地区，从而最大程度降低了制造成本"。[10] 换句话说，奥莱利凭借其规模向供应商争取到最优惠的采购价格。曾有一段时间，奥莱利与美国汽配零售巨头 AutoZone 的毛利率差距从 1.4 个百分点缩小到只有0.6 个百分点。

规模经济反映了一家公司在大规模经营时以较低成本开展业务活动的能力。相比之下，学习曲线则是指凭借经验增加而降低单位成本的能力。研究人员对数千种产品的学习曲线进行分析。结果显示，对中等规模企业而言，累积产量增加一倍，会导致单位成本降低 20% 左右。[11] 因此，学习曲线的好处是它能带来更高的营业利润率。

即使无法得益于学习曲线，公司依旧可以享受到明显的规模经济效应带来的好处，反之亦然。但这两种收益往往会同时存在。如果能理解它们之间的差异，我们就可以更好地认识既往业绩，并据此预测未来预期的变化。比如说，一家大公司通过规模经济降低了成本，但如果销售额随后下降，那么，平均单位成本依旧有可能增加。另外，假如一家公司通过学习降低成本，但单位成本依旧可能因为销售额的减少而增加。

与规模经济相关的范围经济（economies of scale）尤其适用于知识型企业。当一家公司通过多元化经营降低单位成本时，它们就有可能体验到范围经济带来的收益。范围经济的典型例子就是研发的溢出效应，也就是说，把在一个研究项目中获得的思路转移到其他项目中。例如，辉瑞最初在针对高血压开发"西地那非"时，意外发现这款新药对诱导勃起非常有效，并由此诞生出震撼整个医药界的"伟哥"。对证券研究公司而言，提高研究对象的多样化程度，往往会让它们得出更多、更有说服力的观点，但如果只关注有限的几家目标公司，它们或许很难有所突破。[12]

尽管规模经济是预期修正的重要潜在来源，但我们的经验表明，除拥有市场统治地位的实体型和服务型公司以外，大多数公司的规模效益往往是昙花一现。此外，有些龙头企业选择以降低价格来增加销售额及市场份额，从而把规模收益分享给它们的客户。在赢家通吃的市场中，规模对知识型企业来说尤为重要。率先抢占规模高地所带来的优势可能是巨大的，而且通常会导致市场预期出现实质性修正。

成本效率

上述探讨的两个价值因素——经营杠杆和规模经济，依赖于销售的增长。相比之下，成本效率的内涵则是降低与销售水平无关的成本。

公司可以通过如下两种基本方式实现成本效率。第一种方式是，公司可以降低多项业务的共同成本，也就是说，它们用更高效率做同样的事情。以全球健康护理产品领导者金佰利公司（Kimberly-Clark）为例，它们就曾通过全球重组计划削减管理费用，并打造综合供应链，从而降低了公司的总体成本水平。

根据金佰利的预测，这项计划最终将减少 5 亿～ 5.5 亿美元的税前成本。该计划的具体举措包括裁撤 5 000 ～ 5 500 名员工，并关闭 10 家生产工厂。为达到削减成本的目的，公司的税前费用应控制在 1.7 亿～ 1.9 亿美元之间，其中包括 1.5 亿～ 1.7 亿美元的员工退休及遣散费的现金成本。[13]

服务型公司往往以有形基础设施取代人工，从而达到节省成本的目的。零售银行业务就是一个例子：如果客户减少与银行柜员的互动，并用更多时间去利用低成本的替代方案，譬如自动柜员机和移动银行应用程序，那么，每笔交易的平均成本就会大幅下降。由于大多数大型金融机构都可以使用这些服务，因此，这些成本节约效应很快会转化为服务价格的降低。不过，由于不同机构采纳新技术的速度有快有慢，因而仍会存在预期投资机会。率先采取行动的公司处在技术曲线的领先位置，维持低于竞争对手的成本，从而获得高于其他同行的盈利能力。

另外，知识型公司主要通过减少员工人数来节省成本。从事媒体服务的技术型企业奈飞就是一个很好的例子。2001年初，由于互联网泡沫破灭，公司开始担心财务状况；为减少现金支出，它们解雇了1/3左右的员工。在销售额继续增长的同时，"人才密度"也开始增加——员工人数更少，但效率更高。最终，公司的2002年人均销售额整整比2001年高出近1.5倍。[14]

实现效率的第二种方式是对业务活动进行重新配置。全球顶级半导体制造商AMD在2008年末宣布的一项调整，就是这种方式的最佳例证。AMD的主要业务始终是设计和制造微处理器。但随着时间推移，建设制造设施的成本在短期内大幅上升，这无疑增加了垂直整合的难度。这个问题非常迫切，毕竟，AMD在规模上远不及行业领头羊英特尔，因而很难承担如此高昂的成本。

这项计划于2008年启动，通过对芯片设计业务和制造业务进行分离，让AMD走上与垂直整合背道而驰的路径，而制造业务则就此成为目前独立运营的格罗方德半导体股份有限公司（Global Foundries）。对此，AMD首席执行官德克·梅耶尔（Dirk Meyer）[⊖]认为："因为摆脱了我们原本不得不承担的资本开支……我们成为一家财务实力更强的公司。"[15]资本支出从2006年的近19亿美元下降到2011年的2.5亿美元，整整减少了85%。公司的最终目标，就是通过重新配置独立于销售的业务活动改善财务业绩。

　⊖　已于2011年离职。——译者注

无论是降低实施业务活动的成本，还是通过重新配置业务活动来削减总体成本，都有可能带来预期投资的机会。投资者寻找的目标应该是那些成本结构不同于行业惯例的公司（可以通过价值链分析揭示这一点），或是更擅长降低成本但不影响创造价值的公司。对于所有三个类别的公司而言，成本效率都有可能成为修正价格隐含预期的重要源泉。但竞争会降低销售价格以及其他由顾客分享的收益，从而削弱成本效率的优势——如规模经济。

投资效率

更高效配置资本的实体型公司自然会创造出更高的股东价值。[16] 如果一家公司以较少的投资支出创造相同水平的税后净营业利润，从而根据既定销售额水平得到更多的自由现金流，那么，我们就可以说，这家公司的投资是有效率的。有助于推动投资效率的价值因素对资本密集型企业尤为重要。

不妨以从事药品零售批发业务的沃博联（Walgreens Boots Alliance）为例。该公司通过改造物流和补货系统项目提高了营运资金使用效率。这项举措大幅缩短了现金转换周期（公司将存货投资转换为现金流所经历的天数），从 2011 财年的 34 天缩短到 2019 财年的 3 天。持有存货的时间从 53 天减少到 32 天。在不影响公司销售前景和营业利润的前提下，存货平均持有量的降低自然会减少总的营运资金投资需求。

在这方面，全球最大的连锁餐厅麦当劳为我们提供了经典示范，让我们看到了如何以提高固定资产投资效率创造新的价值。20 世纪 90 年代初，麦当劳通过实行标准化、全球采购以及员工本地化等措施，大幅削减了国内业务部门的单位平均开发成本（见表 9-2）。值得注意的是，这些部门的预期销售额和营业利润率并未减少。因此，效率的提高直接转化为更多的现金流和更高的股东价值。

表9-2 美国境内麦当劳门店的单位平均投资额

（单位：千美元）

	1990	1991	1992	1993	1994
土地	433	433	361	328	317
大厦	720	608	515	482	483
设备	403	362	361	317	295
平均成本	1 556	1 403	1 237	1 127	1 095

资料来源：麦当劳集团。

对实体型企业而言，投资支出模式是另一个需要考虑的因素。在成长缓慢的周性行业中，公司往往会在周期最高点过度支出，而在周期性低谷时则会支出不足。因此，投资者需要随时关注这些企业的投资支出模式。美国最大的卡车制造商帕卡集团（Paccar）是一家从事大中型及重型卡车制造销售的企业。由于卡车市场具有明显的周期性特征，帕卡集团始终严格控制投资的周期性。公司已持续盈利超过 80 年，其中就包括 2007 ~ 2009 年的"大衰退"时期。

对那些善于根据环境及时调整资本配置规则的公司来说，预期机会最有可能转化为价值。譬如，有关研究人员对 37 家零售商进行了分析，以确定影响股东总收益的驱动要素。研究结果显示，如果公司能及时控制门店的盲目扩张，规避只能带来增长却不能创造经济价值的投资，那么，它们的投资收益率必定超过那些只追求成长的公司。它们认为，"控制增长瘾"是创造股东价值的关键。[17]

本章小结

- 要了解贯穿所有经济形势的价值创造源泉，根本就不需要所谓的新规则。预期投资的基本原则完全适用于所有公司。

- 尽管价值创造的基本经济规律不会改变，但实体型公司、服务型公司与知识型公司的确拥有不同的基本特征。

- 通过价值因素认识这些企业类别，有助于我们对预期修正做出更合理的预测。

第三部分

EXPECTATIONS INVESTING

解读公司信号，发掘投资机会

| 第十章 |

并购交易

并购（M&A）已成为塑造企业面貌的重要因素。为提高竞争地位，公司高管甚至不惜冒着丧失公司市值的风险。与常规资本投资不同的是，并购交易往往会如闪电般袭来，而且会在一夜之间彻底改变公司的战略与财务状况。

当然，并购也会出于多种原因而对投资者意义重大。首先，并购已成为资本市场上最活跃的交易，以至于大部分投资组合迟早都会受到影响。在截至 2020 年的 25 年期间，全球年度并购交易额占当年股票市值总额的平均比例为 6%。其次，几乎任何公司公告都不可能像重大重组并购交易那样，对股价产生迅速或深远的影响。最后，并购交易往往会给收购和出售公司的股东及其他投资者创造新的交易机会。

在本章中，我们将探讨并购为投资者带来的机遇和风险。为此，我们首先阐述收购方如何在并购交易中创造新的价值，其中涉及对协同效应进行估值等关键问题。随后，我们将介绍预期投资者应在交易广告发布时采取哪些分析措施，包括评估交易对价值造成的潜在影响、解读管理层发出的信号、预测股市的初步反应以及如何根据这些反应实施进一步分析。

收购方如何在并购中创造价值

针对并购交易，投资者、投资银行、交易方及财经媒体惯用的方法，就是直接评价交易给每股收益（EPS）带来的直接影响。[1] 它们认为增加每股收益是利好消息，而每股收益被稀释则是利空消息。

但事实并非如此。在图 10-1 中，我们对 2015 年及 2016 年最新完成的 100 笔并购交易进行了详细分析。在图中的各列中，我们按公司发布的公告认为交易是增加还是摊薄每股收益，对交易进行了排序。其中，最右侧一列表明，管理层认为 86% 的交易将增加每股收益。

预期EPS效应

	稀释	中性	增加
增加	4	2	**45**
中性	3	0	15
降低	3	1	22

（买方采取的反应）

图 10-1　EPS 效应和累计异常收益

资料来源：Michael J.Mauboussin, Dan Callahan, and Darius Majd, "To Buy or Not to Buy: A Checklist for Assessing Mergers and Acquisitions," *Credit Suisse Global Financial Strategies*, February 27, 2017.

图中各行显示了买方股票在交易公告日的累计异常收益（cumulative abnormal return，也称为累计超额收益率），即股东收益总额与公司预期收益的差额。其中，中性反应的定义为收益或损失率不足 100 个基点。

顶部和中间行表明，约 3/4 的交易对股东价值的影响为中性或负面。底行显示，在全部样本中，超过 1/4 的交易取得了正收益，因为交易各方预计并购会创造出新的股东价值。近一半的交易预期会增加每股收益，但累计异常收益率却是负的。

将关注点集中于交易对每股收益造成的影响，不仅风险太高，而且过于简化，因为除第一章针对收益率指标提到的诸多缺陷之外，兼并还会带来其他问题。比如说，并购交易可能会提高每股收益，但交易双方的经营状况却没有得到任何改善。事实上，即使合并新公司的收益低于交易双方的并购前收益总额，但并购收益的处理方法依旧有可能提高收购方的每股收益。

如果收购方以股票支付对价，而且市盈率（P/E）也大于出售方，就会出现这种明显的分歧。在这些情况下，每股收益得到改善，但绝对不存在任何价值创造行为。

要了解这个过程，不妨考虑两家假想公司的重要数据——买方公司和卖方公司的。在交易之前，卖方公司拥有 4 000 万股流通股，每股交易价格为 70 美元，市值为 28 亿美元。买方公司拥有 5 000 万股流通股，股票交易价格为 100 美元，针对这笔收购，买方提议以新发行的 1 股本公司股票换取 1 股卖方公司的股票。与卖方公司当前的市场价格 70 美元相比，买方公司每股 100 美元的报价存在 30 美元溢价。合并之后，买方公司的流通股数量将增加到 9 000 万股，即原有的 5 000 万股流通股加上为收购而对卖方公司股东新发行的 4 000 万股。我们假设这笔交易不存在协同效应，因此，合并后新公司的收益等于两家公司的收益总和（见表 10-1）。

表　10-1

	买方公司	卖方公司	合并公司
每股价格（美元）	100	100[①]	
每股收益（美元）	4.00	10.00	6.67
市盈率（美元）	25	10	
股数（百万股）	50	40	90
收益总额（百万美元）	200	400	600

① 市场报价。

买方公司目前的每股收益为 4.00 美元。然而，由于新发行的股票可以取得每股 10.00 美元的收益，因此，每股收益从合并前的 4.00 美元增加到合并后的 6.67 美元（总收益 6 亿美元 / 合并后的 9 000 万股）。可见，合并后每股收益的增加完全是因为买方的市盈率高于卖方的市盈率。反之亦然，如果是卖方公司收购买方公司，那么，由于卖方的市盈率低于买方，则会导致合并新公司的每股收益被稀释。因此，无论是哪一种情况，每股收益的变化都不能说明合并是否创造价值。

如果收购方以高于资本成本的收益率进行投资，就会在并购交易中创造价值。要确定收购公司创造了多少股东价值，需要估计收购协同效应的现值，而后再扣除收购溢价。溢价是指收购方支付的对价超过卖方公司单体价值后的余额。协同效应是指因两家公司合并所带来的额外现金流的价值。协同效应的估值模型很简单，但是在现实中要实现协同效应并不容易。[2]

并购交易带来的价值变化=协同效应的现值-收购溢价　　（10-1）

收购方之所以愿意支付超过卖方单体价值的溢价，是因为收购方相信，收购带来的协同效应价值会超过这个溢价。由于溢价在交易公告发布时即已确定，因此，我们只需确定协同效应是否能创造新的价值，以及这个价值是否超过已知的溢价。[3] 对此，我们可以采用预期投资法进行估值。

在几乎所有并购交易中，交易双方都会对预期协同效应的来源及规模提供具体说明。为了评估并购交易是否会增加价值，我们需以资本成本对管理层提供的协同效应预计值进行资本化，然后与溢价进行比较。例如，如果管理者预计并购会减少税前成本 1 亿美元，税率为 20%，资本成本为 8%，那么，税后协同效应的资本化结果为 10 亿美元，即［1 亿美元 ×（1-20%）］/8% =10 亿美元。因此，如果溢价低于 10 亿美元，则意味着收购方有望为其股东增加新的价值，而高于 10 亿美元的溢价表明收购会破坏价值。

协同效应的估值

我们可以采用几种方法判断哪些协同效应值得期待。我们首先要从管理层入手。你对管理层估计的信任程度更多地依赖于管理层自身的可信度。我们发现，在很多情况下，管理层声称的协同效应价值根本就不足以抵消收购溢价。陶氏化学（Dow Chemical，现为陶氏公司）在 2008 年 7 月收购罗门哈斯化学集团（Rohm and Haas），当时的收购溢价达到了令人瞠目结舌的 74%。根据公司提供的数据，协同效应的资本化价值低于溢价。结果，管理层无意间发布的预测，不可避免地引发了一场股灾，公司股价迅速暴跌 4%。[4]

其次，相关研究表明，管理层在并购后更有可能实现成本协同效应，但很难实现收入协同效应。一项研究指出，超过 1/3 的公司达到了预期的成本协同效应，但只有不到 1/6 的公司实现了预计的收入协同效应。这表明，坊间对收入协同效应的怀疑不无道理。[5]

评估协同效应价值的第三种方法，是采用第三章介绍的预期架构以及第四章讨论的战略分析框架。预期架构是对协同效应进行估值的理想工具。以价值触发要素为起点，顺序推导价值驱动要素，会促使我们在如下方面提出有启发性的问题：

销售额

- 交易是否会扩大产品供应范围、扩大分销渠道或扩大市场地域的范围？

- 合并后的公司是否能通过已完成的投资提高经营杠杆？
- 公司是否有机会在原材料采购和营销等方面实现规模经济效应？

成本

管理层是否能消除销售、会计、法规和行政经营中的重复性活动？

投资

交易是否能提供资产重新配置的机会或特定的资本管理技能，以降低长期投资需求？

除上述潜在协同效应外，并购交易还有可能降低税收和融资成本。尽管所有收购方在达成交易时都对未来充满无限憧憬，但实现协同效应绝非易事。（见本章专栏，"收购公司的负担"。）

如何应对交易公告的发布

如下是投资者在得到并购交易公告时应解答的问题：

（1）交易是否对并购交易双方的股东造成重大经济影响？

（2）交易的初衷是偶发的机会、改善经营、过渡转型还是为了追求变革？

（3）收购方是否以选择股票而非现金支付交易对价的方式向市场发出信号？

（4）股市会对并购交易做出怎样的初步反应？

（5）在市场做出初步反应但交易尚未完成之时，我们应如何根据最新信息及时更新分析？

通过解答这些问题，我们可以判断并购交易公告是否会带来预期的投资机会。

评估交易的价值影响：股东风险价值

一旦公司发布重大并购交易公告，双方群体及其他相关投资者就需要评估这笔交易是否会给对股东带来重大影响。[6] 即使投资者没有足够信息对协同效应进行可靠分析，它们也必须要判断，如果包含在溢价中的协同效应预期未能实现，会对两家公司的股东带来怎样影响。艾尔弗雷德·拉帕波特（Alfred Rappaport）和马克·赛罗沃（Mark Sirower）提出以两种简单工具衡量协同风险。一种工具针对收购方股东，另一种工具则针对出售方股东。[7]

第一个工具就是股东风险价值（shareholder value at risk，SVAR®），该指标用于直接评估收购方未实现目标协同价值的风险。我们可以把它设想成一个"对自己公司打赌"的指数。如果合并后的公司没有出现协同效应，那么，该指数可以说明，在收购公司价值中，有多大比例处于风险中。

针对现金要约的 SVAR 是指溢价与收购方在公告前的市场价值之比。简而言之，如果没有协同效应，收购方支付的溢价就是从收购方股东直接转让给出售方股东的财富。收购方给出的溢价越大，其股东承受的风险就越大。

此外，我们还可以用溢价率与出售方与收购方市场价值比的乘积作为收购方的股东风险溢价 SVAR（见表 10-2）。收购方支付给出售方的溢价率越大，出售方公司市场价值相对收购方市场价值越大，SVAR 就越高。当然，收购方的损失也有可能高于溢价。这表明 SVAR 低估了股东实际承受的风险。

不妨考虑一笔假设交易的 SVAR 计算过程。收购方公司同意支付给出售方的对价为 40 亿美元（每股 100 美元 ×4 000 万股）。溢价为 12 亿美元（40 亿美元 −28 亿美元）。收购方的市值为 50 亿美元（每股 100 美元 ×5 000 万股）。如果采用现金交易，那么，收购方的股东风险价值 SVAR 为 24%，即 12 亿美元除以 50 亿美元。因此，如果未能实现协同效应，那么，买方公司的股价有可能冒着下跌 24% 的风险。

表10-2　全现金交易对应的股东风险溢价（SVAR）

		出售方与收购方的市场价值比			
		0.25	0.50	0.75	1.00
	20%	5.0%	10.0%	15.0%	20.0%
	30%	7.5%	15.0%	22.5%	30.0%
溢价率	40%	10.0%	20.0%	30.0%	40.0%
	50%	12.5%	25.0%	37.5%	50.0%
	60%	15.0%	30.0%	45.0%	60.0%

资料来源：*Creating Shareholder Value: A Guide for Managers and Investors* by Alfred Rappaport. Copyright © 1986，1998 by Alfred Rappaport. Reprinted with the permission of The Free Pres，a division of Simon & Schuster，Inc. All rights reserved.

收购公司的负担

在 20 世纪 80 年代以来的大部分时间里，收购方的股价都会在发布交易公告后立即下跌。[①]在某些情况下，这一轮下跌只是未来业绩进一步恶化的前兆。市场对并购公告的一贯性负面反应，其实反映了一种质疑：收购方是否能在维持企业初始价值的同时，实现验证溢价合理性所需的协同效应。此外，大量的实证研究也表明，溢价越大，收购方股票的市场表现会越差。为什么市场会质疑并购交易呢？收购方为什么难以为股东创造价值呢？

为什么大多数收购会令人失望呢？因为交易条款设定的预期要求过于苛刻。即使没有收购溢价，收购方和出售方的价格通常也会反映业绩的改善。比如说，以标普500指数成分股中的非金融公司为例，在不假设采取股价提升措施的条件下，目前经营业绩水平对股价的解释程度仅为60%左右。对处于快速增长中的科技公司，这个比例通常还要低。至于股票价格中的剩余部分，则取决于当前业绩以及投资收益能力的预期改善。从这个角度看，30%～40%的溢价就会引发市场做出业绩会显著改善的预期。更重要的是，如果管理层在整合期间向新公司进行了重大资源转移，那么，提供资源企业的业绩下降很可能会抵消被收购企业的业绩增长。

此外，大多数收购不能尽如人意还有另一个原因。竞争对手很容易复制交易带来的收益。当收购方试图以牺牲竞争对手为代价而创造协同效应时，对手当然不会袖手旁观。毋庸置疑，如果不能带来可持续的竞争优势，收购就不应存在溢价。有的时候，收购反而会让公司在面对竞争攻击时弱不禁风，毕竟，整合需要管理层投入巨大精力。此外，收购不仅会加大组织的不确定性，也为竞争对手争夺人才提供了可乘之机。

收购可以成为实现快速增长的捷径，但需要收购方预先投入巨大的收购对价，而预期能否兑现还需假以时日才能验证。对研发、扩大扩张或营销活动的投资往往可以分阶段进行，使得风险呈现出逐步升级的特征。但是在收购中，全部投资从一开始就要承受全部压力。这并非没有道理，毕竟，投资者希望及时看到业绩改善的证据。如果看不到立竿见影的证据，他们根本就不会等待整合，而是会像对待烫手山芋那样抛出股票。

影响并购交易的价格往往是其他可比交易的实际交易价格，而不是对管理层实现真实业绩收益的时间、领域以及方式进行的严格评估。也就是说，支付的对价可能与并购交易可能创造的价值毫无关联。

另外，取消不当合并同样不容易，而且或将需要付出很高成本。由于个人信誉已被交易绑定，因此，管理者往往会义无反顾地以更多的时间和资金去证明自己，但最终结果是越想弥补损失，损失反而越大，这种赔了夫人又折兵的事情自然会让问题愈加复杂化。

① Jerayr Haleblian, Cynthia E. Devers, Gerry McNamara, Mason A. Carpenter, and Robert B. Davison, "Taking Stock of What We Know About Mergers and Acquisitions: A Review and Research Agenda," Journal of Management 35, no. 3（June 2009）: 469–502.

资料来源：Alfred Rappaport and Mark L. Sirower, "Stock or Cash? The Trade-Offs for Buyers and Sellers in Mergers and Acquisitions," Harvard Business Review 77, no. 6（November–December 1999）: 147–158.

但如果收购方以股票支付收购对价，而非现金，那么，收购方的股东风险价值会相对较低，因为股票交易会把部分风险转移给出售方股东。为了计算收购方在股票交易中的股东风险价值，我们需要将溢价除以出售方和收购方的市值总和（包括收购溢价）。在这种情况下，以 12 亿美元的溢价除以 50 亿美元与 40 亿美元的市值和，可以得到股票交易中的股东风险价值为 13.3%，即：12 亿美元 /（50 亿美元 +40 亿美元）=13.3%。此外，我们还可以根据收购方股东对收购后新公司持有的股权比例乘以现金交易下的股东风险价值，得到全股票交易下的股东风险价值。在这种情况下，股东风险价值为 55.6%：收购方股东对合并后新公司的持股比例（55.6%），即 50 亿美元 /（50 亿美元 + 40 亿美元）乘以全现金交易下的股东风险价值（24%），两者的乘积为 13.3%。

由于并购交易结构各不相同，而且交易公告中的具体条款通常只依据股票价格，而不考虑溢价的大小以及买卖双方的市场价值，股东风险价值并非这么容易计算。但我们都知道，如果股东风险价值非常有限，并购交易就不太可能给收购方带来重大经济影响。反之，如果股东风险价值非常可观，就有必要对交易进行深入分析了。

第二种方法采用了由股东风险价值衍生而来的指标，即风险溢价（premium at risk）。在没有实现协同效应的情况下，我们可以利用该指标评估出售方股东承担的风险。在交易采取固定换股比例的情况下，由于收购方为支付收购对价而发行的新股数量是确定的，因此，对出售方股东而言，最重要的问题就是有多大比例的溢价存在风险。答案就是出售方在合并后新公司中拥有的股权比例。在这个例子中，出售方股东的风险溢价为44.4%，即40亿美元 /（50亿美元 + 40亿美元）。

如果没有实现协同效应，出售方股东将收到40亿美元的收购对价扣除溢价（12亿美元的44.4%）的差额，即34.67亿美元。同样是在没有协同效应的情景下，出售方股东享有的每股收益为86.67美元（34.67亿美元除以4 000万美元），而不是交易公告预测的每股100美元。

风险溢价是一种相当保守的风险指标，因为它假设单体业务的价值是稳定的，而且只有收购溢价承担风险。表10-3列示了2019年及2020年部分全股票交易的股东风险价值和风险溢价。

风险溢价表明，从出售方角度看，固定价值报价为什么比固定股票报价更具吸引力。在按固定价值支付对价的收购中，如果收购方的股价在交易披露前下跌，并抵消收购方承诺的全部溢价，那么，出售方股东只能取得额外股份。由于收购方公司完全承担出售方享有的风险溢价，因此，出售方的最终成交价中不包含任何协同效应预期。此时，出售方股东不仅可以获得更多股票，而且也是风险更低的股票。相比之下，在固定股票支付对价的交易中，出售方股东需按在新公司中的持股比例，承担收购方股票在公告日后出现的任何跌价损失。

表 10-3 2019~2020年期间部分公开换股收购交易的股东风险
价值及风险溢价

收购方	出售方	溢价率 (%)	出售方/收购方市场价值比	现金支付交易的股东风险价值 (%)	收购方在新公司中的持股比例 (%)	股票支付交易的 (%)	卖方风险溢价 (%)
BB&T 银行	太阳信托	6	0.71	4	57	3	43
标普全球	IHS Markit	5	0.45	2	68	1	32
Salesforce.com	Tableau 软件	42	0.08	4	89	3	11
亚德诺半导体技术	美信集成	22	0.37	8	69	6	31
AMD	赛灵思科技	35	0.39	10	71	7	28

注：表中数字来自 2019 年及 2020 年的全股票并购交易。

交易类型的评估

专注并购案的金融专家彼得·克拉克（Peter Clark）与罗杰·米尔斯（Roger Mills）发现，并购成功的机会在它们确定的四种交易类型中各不相同。首先是偶发机会性交易，即较强竞争对手收购较弱竞争对手，这种交易的90%左右会取得成功。在买卖双方经营模式相似的经营性交易中，成功的概率也高于平均水平。

寻求提高市场份额的过渡性交易大多会取得成功，因为收购方往往需要支付高额溢价才能完成交易。最后，收购方以寻求进入新行业为目的的转型式交易则鲜有成功的机会。[8]

解读管理层释放的信号

收购公司选择以现金还是股票支付收购对价，会向投资者发出强有力的信号。正如股东风险价值分析所示，现金交易的全部风险和收益均属于收购方股东。如果协同效应没有实现，那么，只有收购方的股东会受到影响。另外，如果协同效应带来的价值超过溢价，全部收益当然属于收购方股东。而在股票交易中，则由买卖双方共同承担交易带来的风险和收益。

因此，使用现金或股票的决策向投资者发出了一个信号：收购方对无法实现预期协同效应风险的认知。因此，我们可以预见，信心百倍的收购方会以现金支付收购对价，这样，收购方股东就不必与出售方股东分享合并收益。

但如果管理层对交易能否实现预期协同效应没有把握，那么，我们可以设想的是，收购方会通过发行股票对冲收购损失。借助股票交易，收购方股东的股权被稀释，从而降低了对未来损失的承担比例。

此外，如果管理层认为新发行股票会降低公司估值，那么，它们就不会选择以发行新股支付收购对价，因为这样做无疑是在惩罚现有股东。相关研究一致认为，考虑到管理层是最了解公司未来发展前景的群体，因此，市场会把发行新股视为管理层认为股价被高估的信号。但具有讽刺意味的是，有些 CEO 大肆宣称公司股价被低估——按这样的逻辑，这些公司原本应以现金支付交易对价，但它们却以这个价格发行大量新股，用于支付收购费用。行动胜于雄辩：市场对现金交易公告的反应永远比股票交易更积极。[9]

股票支付向预期投资者发出了两个潜在信号：收购公司的管理层对收购缺乏信心；收购方的股票正在被市场高估。[10] 在理论上，如果公司有信心完成收购后的整合，而且认为自己的股票被市场低估，那么，它们就应始终采取现金支付方式。无论是收购方认为股票交易价格低于预期价值，还是在出售方不敢肯定收购方真实价值时，现金支付都可以让估值问题迎刃而解。

但要做出选择现金支付还是股票政府的决策并非易事。比如说，公司可能没有足够的现金或债务融资能力进行现金支付。在这种情况下，尽管发行被市场低估的股票会带来额外的隐性成本，但管理层仍有可能认为收购创造了价值。另外，出于税收等原因，出售方更愿意接收股票。但对预期投资者而言，它们不会把现金支付或股票支付作为解读收购方未来前景的唯一信号。

如果我们持有收购方的股票，且收购方采取的是股票支付方式，那么，我们就会成为合并后新公司的股东。因此，与收购方所有股东一样，我们当然希望实现并购带来的协同效应。但如果预期的协同效应未能实现，或是交易完成后出现其他利空变化，那么，收购方提供的大部分溢价可能会灰飞烟灭。

归根结底，出售方股东永远不应假设，换股要约中的约定价值就是他们在交割日前后即将实现的价值。提前出售确实会限制风险，但也会带来成本，因为在交割前这段时间，目标公司股票的交易价格通常低于收购方的要约收购价，以反映交易无法最终交割的可能性。[11] 当然，出售方股东可能打算等到交割日后卖掉合并公司的股票，但有一点是肯定的，它们根本无法知晓这些股票的未来价值。因此，如果提早抛出，有可能丧失未来股价上涨的收益；而推迟出售，或许会在这段时间遭遇股价下跌的损失。

预测股市的初始反应

根据决定价值变化的基本公式以及对融资决策影响买卖双方的认识，我们即可合理预测股市对并购公告的初步反应。[12]

我们首先从并购价值创造公式开始（式（10-1）），估计协同效应的现值，并计算收购溢价。在对协同效应估值时，请考虑管理层提供的价值预测。

对于在公告发布后的股票交易，我们只需将收购方市值变化与收购溢价相加，即可得到协同效应的市场预期。这样，我们就可以判断市场预期的协同效应是否合理。如果市场似乎高估或低估了协同效应价值，这或许就是我们投资的机会。

市场初始反应后的分析

作为并购估值的最后一个部分，我们需在发布交易公告及市场做出反应之后，按最新信息进行分析。通过这些分析，我们可以按现金交易和股票交易两种情况，对收购方与出售方股票在公告后的走势做出判断。

现金支付收购对价。 我们首先看看收购方发出现金要约给自身股价带来的影响。比如说，我们假设收购方的股价在发布并购公告时应声下跌10%（从每股 100 美元跌至 90 美元）。公司股价的下跌，导致收购方股东丧失了部分股东风险价值。但这属于不可补偿的沉没成本。因此，股东及其他投资者此时需要考虑的是：现在需要怎么做。我们可使用如下公式更新公告前的股东风险价值，以确定当前的协同风险：

$$当前的股东风险价值 = \frac{（收购溢价 + 公告后的公司市场价值变动值）}{公告后的市场价值}$$

（10-2）

代入示例中的数值：

$$15.6\% = （12 亿美元 - 5 亿美元）/45 亿美元$$

在上述公式中，分子为初始溢价与收购方市场价值的变动值（增加 +，减少 -）之和。这就是公告后股价隐含的协同效应价值。在这个例子中，分子为 12 亿美元收购溢价扣除 5 亿美元的市值下降（每股价格下跌 10 美元 × 5 000 万股）。至于 7 亿美元的差额，则代表了收购方股东继续持股或其他投资者按当前价格买入收购方股票后面对的协同风险。

此外，5 亿美元的市值下降也会导致分母中的收购方市值减少为 45 亿美元。当前的股东风险价值为 15.6%，低于公告发布时的 24%，原因是收购方股东已吸收了 5 亿美元的减值风险。因此，当前股东风险价值代表存续股东以及按当前价格买入股票的投资者继续承担的协同风险。同样，市场对合并公告做出的利好反应则会增加股东风险价值，以反映存续股东和新股东承担的更大风险。

另外，现金交易中的出售方不会承担协同风险，因为所有风险均由收购方股东承担。当然，出售方还要面对收购方未能完成收购要约的风险，造成收购流产的原因是多方面的，比如说，收购方未能获得融资，或是交易被监管机构叫停。

固定股票支付。我们再看看支付固定数量股票的交易方式。沿用上述示例，在采取股票支付的交易中，股东风险价值为如下两个变量的乘积：全现金交易下的股东风险价值 24%，收购方股东对收购后公司的持股比例 55.5%，即股票支付模式下的股东风险价值为 13.3%。我们再次假设，在发布收购公告后，收购公司的股价从每股 100 美元跌至 90 美元。和现金交易一样，由于股价下跌，收购方股东已承担了部分协同风险。因此，公告后的股东风险价值降至 8.6%，为如下两个参数的乘积：公告后现金交易模式下的股东风险价值 15.6%；收购方股东对收购后公司的持股比例 55.5%。

出售方股东在合并后新公司中的持股比例为 44.5%，并按这个比例承担收购方股价下跌带来的损失。以收购方当前股价计算，在全部 12 亿美元收购溢价中，仅有 7 亿美元（即 58.3%）溢价依旧存在风险。用 58.3% 乘以出售方的持股比例 44.5%，即可得到 26% 的风险溢价率。因此，出售方股东需要决定的是，除已经承受的溢价损失之外，它们是否接受让 26% 以上的溢价继续承担风险。

固定价值支付。最后是支付固定价值的交易方式。如果收购方目前 90 美元的股价也是最终的交割价，那么，公司需要 4 440 万股——而不是 4 000 万股，从而才能向出售方支付 40 亿美元的固定收购价。这样，收购方股东在合并后公司中仅持有 53% 的股份。由于收购方股东承担公告后股价下跌 10% 带来的全部风险，因此，公告后的股东风险价值降为 8.2%，即公告后现金交易模式下的股东风险价值 15.6% 乘以对合并后公司的持股比例 53%。

在固定价值支付的收购交易中，出售方股东在交割前不承担股价下跌带来的风险。事实上，收购公司的股价下跌得越多，出售方股东在交割后承担的协同风险越小。如果收购公司的股价下跌 10%，从 100 美元下到 90

美元，那么，只有58.3%的溢价（初始溢价12亿美元中的7亿美元）仍存在风险。将这个比例乘以出售方股东在合并后公司的持股比例47%，即可得到27.4%的风险溢价。同样，这样的关键在于，出售方股东是否愿意接受风险溢价超过1/4的协同效应。

在合并和收购交易中，解读管理层发出的信号，对交易经济行为后果的评估，可以帮助投资者发掘出大量的预期投资机会。尽管招摇过市的并购公告或许只是昙花一现，在投资者的脑海中转瞬即逝，但本章介绍的这些分析工具，无疑会有助于我们分析交易在公告时点以及公告后带来的影响。

本章小结

- 每股收益的变化并不是反映并购成功与否的最佳标准。
- 收购公司增加的股东价值等于协同效应的现值扣除收购溢价的差额。
- 股东风险价值（SVAR）代表收购方股东期待收购成功会给股票价格带来多大的涨幅。
- 风险溢价（PAR）代表出售方股东期待收购成功会给它们贡献多大比例的溢价。
- 在全现金收购中，收购方股东承担全部协同风险，而在全股票交易中，出售方股东则需按持股比例分担部分风险。
- 股票交易向预期投资者发出了两个潜在信号：收购公司的管理层对收购缺乏信心；收购方的股票正在被市场高估。
- 在确定收购方股票在公告后的价格变化时，需要重新计算股东风险价值，以确定潜在的交易机会。

| 第十一章 |

股票回购

自 2000 年以来，美国股票市场的回购规模已超过派发股息，并成为美国企业向股东返还收益的主流方式（见表 11-1）。[1]股票回购在全球范围内同样呈现出爆发性增长。通过对全球范围的大量股票回购计划进行研究，我们得出的结论是：股票回购与股票的长期超额收益息息相关。[2]尽管不乏证据支持，而且接受度与日俱增，但股票回购依旧引发了大量争议和困惑。[3]

在适当环境下，股票回购可以向预期投资者发出信号，促使它们调整对公司前景的预期。事实上，当管理者对公司前景的看法比市场乐观时，股票回购也是提升公司股价的超级法宝。但它的信号效应并非始终清晰明确，因为回购是多方利益的汇合，但有些利益并不能给存续股东带来价值。

本章针对股票回购计划提出了估值指南。我们首先将从最关心的话题开始：判断回购公告在什么情况下会提供可靠的预期修正信号。随后，我们将提出一种适用于所有回购计划的黄金估值法则。最后，我们以这个法则为基准，对股票回购的最常见原因进行评价。

表11-1 标普500指数的股息、回购金额及股东总收益率

（单位：10亿美元）

	股息总额	回购总额	股息与回购合计数	标普500指数的平均市值	股东总收益率（%）
1982	47	8	55	939	5.8
1983	50	8	58	1 118	5.1
1984	53	27	80	1 219	6.6
1985	55	40	95	1 359	7.0
1986	63	37	100	1 605	6.2
1987	65	45	110	1 723	6.4
1988	83	46	129	1 817	7.1
1989	73	42	115	2 132	5.4
1990	81	39	120	2 281	5.3
1991	82	22	104	2 510	4.1
1992	85	27	112	2 920	3.8
1993	87	34	121	3 161	3.8
1994	88	40	128	3 326	3.8
1995	103	67	170	3 967	4.3
1996	101	82	183	5 107	3.6
1997	108	119	227	6 591	3.4
1998	116	146	262	8 749	3.0
1999	138	141	279	11 129	2.5
2000	141	151	292	12 015	2.4
2001	142	132	274	11 089	2.5
2002	148	127	275	9 285	3.0
2003	161	131	292	9 197	3.2
2004	181	197	378	10 788	3.5
2005	202	349	551	11 272	4.9
2006	224	432	656	11 992	5.5
2007	246	589	836	12 799	6.5

（续）

	股息总额	回购总额	股息与回购合计数	标普 500 指数的平均市值	股东总收益率（%）
2008	247	340	587	10 360	5.7
2009	196	138	333	8 890	3.7
2010	206	299	505	10 679	4.7
2011	240	405	645	11 408	5.7
2012	281	399	680	12 064	5.6
2013	312	476	787	14 619	5.4
2014	350	553	904	17 370	5.2
2015	382	572	955	18 072	5.3
2016	397	536	934	18 584	5.0
2017	420	519	939	21 045	4.5
2018	456	806	1 263	21 924	5.8
2019	485	729	1 214	23 893	5.1
2020	480	520	1 000	29 209	3.4
平均值					4.7

资料来源：Standard&Poor's; J.Nellie Liang and Steven A.Sharpe, "Share Repurchases and Employee Stock Options and Their Implications for S&P 500 Share Retirements and Expected Returns," *Board of Governors of the Federal Reserve System Finance and Economics Working Paper No. 99–59*, November 1999; FactSet.

当一家公司宣布股票回购计划时，我们首先要确定，管理层是否为市场提供了一个可靠信号，表明市场应进行预期修正。不仅预期投资者需要判断调整预期的理由，公司管理者也应如此。

此时，我们需重新审视预期投资过程（第五章至第七章），判断管理层是否在向市场发出强烈信号：市场对价值驱动要素的一致性预期太低。对公司管理层而言，为存续股东创造价值最可靠的一种方法，就是向完全不接受管理层乐观预测的股东回购股票。[4]

当管理层发出股票被低估的信号时，我们就需要确定哪些价值驱动要素的预期过低。对此，我们建议重新进行预期架构分析，以系统化方式揭示预期修正的潜在来源。作为参考，我们建议考虑以下事项：

- **销售额：** 销售量、价格与产品组合、经营杠杆及规模经济
- **成本：** 成本效率
- **投资：** 营运资金和固定资产的投资效率
- **资本结构：** 债务融资和股权融资的组合

请注意，我们在这里增加了资本结构。公司有时也会以股票回购提高财务杠杆，这往往被投资者视为利好消息，因为它反映了公司对未来现金流的信心。[5] 此外，契约性债务利息费用的增加，也会限制公司以多余现金按低于资本成本的收益率进行再投资的能力。因此，财务杠杆还可以缓解代理成本的问题，即管理层与股东之间的利益分歧。[6]

但回购也并非全无弊端。回购计划至少会在两种条件下向市场传递利空信号。首先，回购表明管理层已找不到可创造价值的项目。如果公司股价反映的是可创造价值的投资预期，而公司却决定向股东返还现金，而不是再投资于公司业务，那么，我们可以据此推断，市场对投资机会的预期过高。[7]

其次，管理层以回购股票实现与价值创造关系不确定的财务目标，如每股收益或股权收益率。实际上，在这种情况下，公司会因经营绩效不足而借助金融工程来达成目标。[8]

股票回购的黄金法则

我们制定了一套针对股票回购的黄金法则，投资者可以把它们作为评估回购项目吸引力的基本标准：

只有在股票交易价格低于预期价值，而且没有更好投资机会的情况下，公司才会回购股票。

我们不妨剖析这个规则的第一部分："公司只有在股票交易价格低于预期价值时才应回购股票"，这完全符合预期投资法的基本原理。

实际上，当管理层以低于价值的价格买回自己的股票时，它本身就是一笔高超的投资。如果管理层对预期价值的估值正确，那么，回购将导致财富从出售股票的股东转移给存续股东。因此，存续股东的每股预期价值会因回购而增加。这与管理层追求存续股东价值最大化的目标相互吻合。

第二部分"没有更好投资机会"，解决了公司当下最紧迫的任务。回购在表面上似乎很有吸引力，但对企业再投资或许是一个更好的选择。对一个寻求价值最大化的公司而言，首要任务应该是把资本配置给收益率最高的投资。

此外，这个黄金法则还有两个值得关注的推论：

- **回购收益率取决于市场对股票价值低估的程度**。如果一家公司的股票交易价格低于预期价值的估计值，而且退出股东愿意按这个价格出售股票，那么，存续股东将获得超过股权成本的收益率。低估的程度越大，存续股东获得的收益率就越高。[9] 存续股东的预期收益率等于股权资本成本除以股票价格与预期价值之比。[10] 假设一家公司的股权成本为 8%，交易价格相当于预期价值的 80%。那么，将 8% 除以 80%，即可得到存续股东享有的收益率 10%。管理者和投资者可以把这个收益率与替代性投资进行比较，并按相对收益能力排序。此外，该公式还可以说明，超过预期价值的回购价格会导致收益率低于股权成本。

- **回购比追加投资更具吸引力**。寻求建立长期价值的管理团队都知道，他们应把资金配置给所有能带来新价值的投资项目。如果一家公司没有多余的现金或债务融资能力，而且只有放弃部分或全部能给公司创造价值的投资，才能为潜在的股票回购项目提供资金，那么，问题就出现了。因此，只有在预期收益率高于投资企业的预期收益率时，公司才应考虑回购股份。[11]

现在，我们已经有了判断管理层回购股票决策的依据。但即使管理层有良好的初衷，我们也需要判断它们的决策是否基于对市场预期的正确理解。此外，还要当心管理层的过度自信。管理者已经习惯于认为自己的股票被市场低估，而且鲜有管理者真正理解隐含在股票中的市场预期。回购股票的公司在历史上不计其数，它们无不认为自己的股票被市场低估，但回购的结果有时反而是企业前景进一步恶化，股票表现一蹶不振。

我们不妨看看向股东返还现金的各种情景，并分析它们带来的影响（见表11-2）。为简单起见，我们假设的公司价值为100 000美元，目前已发行1 000股流通股，因此，股票的市场公允价值为每股100（=100 000/1 000）美元。现在，公司决定向股东返还20 000美元。首先看到的是，在支付这笔现金之后，公司价值变为80 000美元。无论公司是按高于或低于公允价值的价格回购股票，还是直接支付股息，结果是一样的。回购的不同之处，就是会给通过出售股票而退出的股东和存续股东带来不同的影响。

表11-2 出售股票而退出的股东与存续股东在不同情景下拥有的价值

假设	基数	情景A: 假设按200 美元价格回购	情景B: 假设按50 美元价格回购	假设	情景C: 假设股息为 20美元
回购金额（美元）		20 000	20 000	股息金额	20 000
公司价值（美元）	100 000	80 000	80 000	公司价值	80 000

（续）

假设	基数	情景A：假设按200美元价格回购	情景B：假设按50美元价格回购	假设	情景C：假设股息为20美元
流通股数量	1 000	1 000	1 000	流通股数量	1 000
当前股票价格（美元）	100	200	50	当前股票价格	100
回购后的股票数量		900	600		
公司价值/流通股数量（美元）	100	88.89	133.33	公司价值/流通股数量	80.00
				股息/流通股数量	20.00
退出股东		100	400		
对退出股东的价值（美元）		20 000	20 000		
存续股东		900	600	存续股东	80 000
				股息	20 000
存续股东的价值（美元）		80 000	80 000		
价值合计		100 000	100 000	价值合计	100 000
每股价值 +/-：针对退出股东（美元）		100.00	（50.00）		
每股价值 +/-：针对存续股东（美元）		（11.11）	33.33		

　　首先考虑情景A，股票的市场交易价格为200美元，或者说，相当于公允价值的两倍。在这种情况下，出售股票的退出股东因每股收益高于公允价值100美元而受益，而该股票对存续股东的价值则从每股100美元降至89（=80 000/900）美元。因此，财富从存续股东转移给退出股东。

在情景 B 中，股票的交易价格为 50 美元，相当于公允价值的一半。在这种情况下，退出股东取得的价值为公允价值的一半，而股票对存续股东的价值则从每股 100 美元增加到 133（= 80 000/600）美元。于是，财富从退出股东转移给存续股东。

在情景 C 中，公司支付股息，在不考虑税收影响的情况下，所有股东获得平等待遇。

这个简单的示例还突出了另一个关键点。如果我们的投资对象进行股票回购，那么，静观其变是最佳策略。回购会增加我们对公司的持股比例。我们可以根据回购股票占全部流通股的比例出售手中的持股，从而获得综合股息，这样，我们既可以获得一笔现金，又能维持固定不变的持股比例。

股票回购的四种常见动机

现在，我们探讨一下公司回购股票的四个主要原因。在这里，我们希望按是否有利于存续股东的原则进行区分讨论，比如说，有些模式会给存续股东带来实质性损害。同样，我们可以以上述黄金法则为出发点。只要管理层违背这些规则，我们就应该揭示管理层的明显动机。

1. 向市场发出股票被低估的信号

向市场发出股票被低估的信号，是解释公司回购股票的最常见理由。[12] 在接受管理层的估值之前，我们可以考虑诸多要素。

首先，虽然公司发布了回购公告，但并未跟进实施回购。在美国市场，回购计算最终完成的比例通常会超过 75%，但美国以外市场的回购计划完成率则低得多。[13] 如果一家公司发布回购公告，但随后发现有吸引力的内部投资机会，那么，未最终实施回购计划完全是合情合理的。但公司完全可以先发布回购计划，而后有意识地拖延执行，以便于继续寻找股票被市场低估的信号。归根到底，投资者必须认识到，发布回购公告不同于已经完成回购计划。

通过选择实施回购股票的方式，公司可以把握向市场传递回购信号的强度。公开市场购买是迄今为止使用最多的方式，即和其他任何投资者一样，公司直接在公开市场上买入本公司发行的股票。公开市场购买需要受相关法律规定的限制——如公司每天可购入股票数量的限制，但这种方法提供了最大限度的灵活性。[14] 另外，公开市场购买对管理层信心的信号效应最弱。尤其是在回购目的仅限于抵消股票薪酬带来的稀释效应时，信号效应尤为有限。

在"荷兰式拍卖"中，管理层预先确定回购的股票数量、回购要约的截止日期以及回购股票的价格区间（通常附带高于市场价格的溢价）。股东可选择价格区间中的任何价格拍卖手中持有的股票。公司在确定最终回购数量时，首先买入报价最低的股票，然后依次按次低价买入，直到买入数量达到回购计划约定的数量。所有报价不超过结算价格的拍卖持股者，最终均按结算价格向公司出售股票。

例如，微软公司在 2006 年 7 月宣布一项 200 亿美元股票的荷兰式拍卖要约。[15] 当时股票的市场价格为 22.85 美元，公司给出的回购价格区间为 22.50 ～ 24.75 美元。荷兰式拍卖通常是表明公司管理层信心的强烈信号。微软股价在公告的次日便大幅上涨 4.5%。

固定价格要约收购是指管理层在回购截止日前按固定价格回购一定数量的股票。回购价格通常会给出超过市场价格的较高溢价，而且回购数量通常占流通股的很大比例。股东可以选择是否出售其持有的股份。固定价格要约收购目前并不多见，但它们永远是公司向市场发出的最强烈的积极信号。尤其是在公司决定以负债为回购提供融资时，信号效应尤为强烈。[16]

诚然，回购股票所处的环境也会影响到市场对信号的解读。有些因素尤其体现出管理层坚信股票被市场低估的信心。[17] 首先是回购计划的规模。在其他所有条件相同的情况下，公司计划回购的比例越高，表明管理层的信心越大。其次是回购价格相对市场价格的溢价。高额溢价反映的是一种坚定的信念——市场预期太低，而且公司极愿意以行动兑现这个信念。

相对较高的内部人持股比例可以有效协调经理人和股东的利益冲突。因此，持股比例较大的管理者更有可能通过有效分配资本，最大限度地为股东创造价值，而不是一味地追求公司规模最大化。按照同样的逻辑，如果管理者没有在回购计划中出售任何股票，就相当于它们的赌注就是公司的未来会越来越好。这样的举动无疑会向市场发出积极信号。

我们需要判断管理层的决策过程是否考虑了价格隐含预期，从而确定管理层发出的股价低估信号是否可信。但是在实务中，很少会有投资者这么做。正如我们将看到的，与创造价值无关的因素有时也会成为公司回购的激励因素。

2. 调节每股收益

当管理层以调节每股收益指标为目的而发布股票回购公告时，管理层的行为就有可能与股票回购的黄金法则发生直接冲突。每股收益通常并不能解释价值，因为它们未考虑到资本成本，而且会受财务处理方法的影响（见第一章）。事实上，相关研究表明，因股票回购而增加的每股收益不会给股东创造任何价值。[18]

管理团队似乎永远都在追求短期每股收益的最大化，但这个目标有时是以牺牲股东价值最大化为代价的。[19] 为什么这么说呢？首先，他们始终坚信，在投资圈这个行当里，所有人都接受的估值准则，就是以当前收益的若干倍数作为价值的唯一标准，这无须动脑判断，更不接受质疑。但考虑到市场对长期现金流预期的有限关注，这种观点是值得怀疑的。其次，很多高管薪酬计划均与收益目标存在不同程度的关联性。尽管基于股票的薪酬仍在激励性薪酬中占据主导地位，但管理者有时也会为操纵短期收益而放弃长期性价值创造。

股票回购通过两种方式为盈余管理提供了便利。首先，有些回购计划旨在抵消股票薪酬对每股收益带来的稀释效应。在这种情况下，公司的目标是买入足够股票，以维持流通股规模的稳定性。相关研究表明，在近年的回购交易中，以抵消股票薪酬潜在稀释效应为目的的回购计划的比例仅为 1/3 多一点。[20]

但回购计划的这种动机缺乏可靠的财务基础。如果公司股价高于预期价值，或是公司还有更好的投资机会，这就显然存在有悖回购黄金法则的风险。当公司通过回购股票以抵消股票薪酬潜在稀释效应时，反倒会在无意之间降低存续股东的股票价值。

此外，公司还可以把股票回购用作第二个目的：提振每股收益。一旦公司宣布重大回购计划时，《华尔街日报》等媒体都会祭出这个几乎已成套路的假想目标。这样的言辞似乎早已耳熟能详："回购将减少公司的流通股数量，让利润被更少的股票所分享。因此，公司将会披露的每股收益增长率或将远远超过单纯的利润指标。"[21] 但这种说法甚至在数学上都不成立，更不用说具有经济上的合理性了。回购计划到底会增加还是减少每股收益，取决于市盈率（P/E）以及公司放弃的税后利息收入或是用于为回购进行融资的新债务税后成本。更具体地说，当市盈率的倒数 $[1/(P/E) = E/P]$ 高于税后利率时，回购会增加每股收益。但是在 E/P 低于税后利率时，回购反而会降低每股收益。因此，仅仅根据对每股收益的直接影响来判断一笔投资（包括回购）的优劣，显然是站不住脚的。

不妨以示例说明这个问题。假设三家公司（A、B 和 C）均拥有 100

美元的现金余额，而且营业利润、税率、流通股数量和每股收益也完全相同。但假设它们的股票价格不同（见表 11-3）。

表11-3　公司在回购之前的比较

	A 公司	B 公司	C 公司
营业利润（美元）	95	95	95
利息收益（负债 100 美元，利率 5%）（美元）	5	5	5
税前利润（美元）	100	100	100
税收费用（税率 20%）（美元）	20	20	20
净利润（美元）	80	80	80
流通股数量	80	80	80
每股收益（美元）	1.00	1.00	1.00
股票价格（美元）	10.00	25.00	50.00
P/E	10.00	25.0	50.0
E/P	10.0%	4.0%	2.0%
税后利率	4.0%	4.0%	4.0%

现在，我们再假设每家公司都使用这 100 美元现金余额回购其股票。[22] 按照股价，A、B 和 C 三家回购的股票数量分别为 10 股、4 股和 2 股。A 公司的 E/P 高于税后利率，B 公司的 E/P 等于税后利率，C 公司的 E/P 低于税后利率。

因此，我们可以看到，A 公司的每股收益出现了增加，B 公司没有变化，C 公司的每股收益则出现下降（见表 11-4）。需要提醒的是，每股收益的变化完全独立于股价与预期价值之间的关系。回购被高估股票会增加每股收益，但同时也会降低存续股东的价值，回购被低估的股票会降低每股收益，但同时也增加了存续股东的价值。

表11-4　公司在回购之后的比较

	A公司	B公司	C公司
营业利润（美元）	95	95	95
利息收益（负债100美元，利率5%）（美元）	0	0	0
税前利润（美元）	95	95	95
税收费用（税率20%）（美元）	19	19	19
净利润（美元）	76	76	76
流通股数量	70	76	78
每股收益（美元）	1.09	1.00	0.97

每股收益的增加或降低与回购在经济上是否可行并无关系。毕竟，决定每股收益增减的是市盈率和利息收入（或费用），而股票价格和预期价值之间的关系则决定了回购的经济价值。

无论是回购被市场高估的股票，还是为避免对每股收益产生不利影响而买入估值过低股票，都是不利于股东价值的融资方式。同样，简单地否定回购高市盈率股票或肯定回购低市盈率股票，都不符合经济规律。预期投资者应始终关注价格与预期价值之间的差距，并时刻警惕那些以提高每股收益为主要甚至唯一目标而进行的回购。

3. 有效地向股东返还现金

如果公司希望向股东返还现金，那么，它们可以支付股息或是回购股票。至于哪一种更可取，需要考虑税收以及股票价格与预期价值之间的相关关系等诸多因素。

在美国，支付股息的公司数量呈现出过山车的态势。在20世纪70年代后期，支付股息的上市公司比例超过70%。到2000年，这个数字已降至23%左右，直到2018年勉强反弹到36%。[23]造成这种趋势的因素，涉及公司特征的变化、向股东返还现金的倾向性以及回购对股息的替代性等。截止互联网在 2000 年达到巅峰的 20 年时间，上市公司的数量有所增加。其中包括年轻的初创公司，它们完全没有盈利，自然也缺少向股东返还现金的能力。自 2000 年以来，上市公司数量开始有所减少，如今，上市公司的平均存续年龄也有所延长。这些较为成熟的公司当然希望向股东返还现金，但股息返还形式已在一定程度上被回购股票所取代。这就可以解释，派发股息的公司数量为什么未能恢复到 20 世纪 70 年代的水平。

由于税收的作用以及对存续股东的不同影响，投资者应关心公司向股东返还现金的方式。

先来看看税收。与股息相比，股票回购是向应税投资者返还现金的更有效方式，因为它具有递延税收的效应。股东可以选择留住股票，而不是将持有的股票卖给公司，从而把纳税义务推迟到出售的时点。此外，股东仅对其享有的资本收益纳税。因此，回购比股息在税收上更有利，因为股东可以自由选择履行纳税义务的时间，而且应纳税金额也低于股息。[24]

尽管回购在税收上具有相对优势，但预期投资者还是要牢记股票回购的黄金法则。当股票价格超过预期价值时，回购会将价值从存续股东转移给退出股东。尽管回购比股息更节税，但我们也要始终不放弃一个问题：是否还可以找到更好的替代方案，把现金重新投资于企业。

4. 提高财务杠杆

对杠杆率较低的公司而言，股票回购是它们提高债务与股权比的有效方式。预期投资者必须关注资本结构的变化，因为公司资本结构的任何重大变化都会影响股东价值。维持合理的财务杠杆，可以让公司在利息的税盾收益与财务困境风险之间保持均衡。

对盈利性公司来说，利息费用是可以抵税的，因而会带来宝贵的税盾收益。在不考虑资本结构变化带来的影响时，我们可以用节税额的资本化金额作为税盾的市场价值——也就是说，把节税额（利息支出乘以边际税率）除以税前债务成本。[25]

在某个时点，公司遭遇财务困境的风险可能会超过债务成本。杠杆过高的公司可能无法履行债务契约。毕竟，财务困境的成本是不可估量的，既有法律和破产费用等大量的直接成本，也涉及客户及供应商损失等间接成本。增加财务杠杆的股票回购可能会导致股东价值的合理增加，但这种效应通常具有一次性。此外，投资者还要关注股票价格与预期价值的关系。如果公司的股票交易价格高于预期价值，那么，它们可能会寻求以成本低于回购的方式提高财务杠杆。

预期投资者需随时关注潜在的预期修正信号。而股票回购就是释放这种信号的重要来源。归根到底，投资者必须以挑剔的态度评价股票回购，因为很多股票回购的动机往往在经济上缺乏依据。从这个角度出发，股票回购的黄金法则是评估所有股票回购公告最可靠的依据。

本章小结

- 自 2000 年以来，股票回购的规模已超过股息支付，成为美国公司向股东返还现金的最常用方式。
- 回购可能是一个重要信号，表明投资者需要调整对公司价值驱动要素的预期。
- 我们可以利用以下黄金法则判断所有股票回购项目的优劣：只有在股票交易价格低于预期价值，而且没有更好投资机会的情况下，公司才会回购股票。
- 公司进行回购股票的主要原因体现为如下四个方面：

> ➤ 向市场发出股票被低估的信号
> ➤ 调节每股收益
> ➤ 有效地向股东返还现金
> ➤ 提高财务杠杆

● 投资者必须以批判性的态度去评价管理层回购股票的动机。这些动机往往并不以追求存续股东价值最大化为目的。

| 第十二章 |

预期机会的源泉

前述章节提供了实施预期投资法所需要的工具，阐述如何实施预期投资流程，并为评估管理层的资本配置决策提供了基础框架。到此为止，我们已经为发掘预期不匹配的投资机会、实现超额投资收益创造了必要的基础。

过去数十年来，我们始终致力于向公司高管、投资者以及教师和学员传播这些观点，与此同时，这些经历也让我们对发掘预期投资机会的来源有了深刻认识。在如下介绍的八种情景中，预期投资过程或将为我们发掘盈利机会提供洞见。

1. 使用概率获得机会、反馈和提示

预期投资法是一个指导我们寻找价格与预期价值差异的过程。要开展深思熟虑、全面透彻的预期价值分析，首先需要我们为销售增长率等价值触发器构建合理的情景，预测这些情景的发生概率，并利用预期架构计算不同情景的结果。

如果我们认为市场未能识别某个结果，或是无法确定这个结果被高估或低估的概率，那么，就有可能出现调整预期的机会。借助合理的工具和信息反馈，可以培养我们了解和把握结果与概率的能力。

对未来走势的预测过度追求精确和过度自信，是我们在设定情景以及对概率赋值时最常见的错误。我们曾在第六章探讨过这个话题。此外，市场也不会总能合理反映特定结果的发生概率。因此，我们的目标应该是为所有合理界定的情景赋予适当概率。这样做，既是为了创造以反馈推动学习的机会，也自然而然地为重新审视预期提供了启发。

心理学家加里·克莱因（Gary Klein）提出了"事前检验"（premortem）的分析方法。[1]大多数人都知道事后分析，从过去的错误中汲取教训，以便于在当下做出更好的决策。而事前分析则着眼于未来，提示我们关注会导致当前决策失败的原因。

不妨假设一家公司正在考虑收购，于是，公司召集高层管理者，并向它们布置如下任务：假设收购继续进行，并在一年之后遭遇失败，然后，要求每个人独立撰写一篇在一年后公开发表的文章，解释这笔收购交易失败的原因。事前分析的价值在于，它帮助人们开拓思维，想象和接受一切有可能发生的结果，以克制目前追求过度精确和过度自信的误区。

在考虑各种情景发生的概率时，我们必须以具体数字对概率做出定量估计，而不是用语言进行定性描述。比如说，我们不能说，"明年的销售额增长完全有可能超过 10%"，而是应该说，"明年销售额增长率超过 10%的概率为 70%"。以数字概率代替语言描述的优点是多方面的。

首先，人们对同样的常见单词或短语会给出截然不同的概率判断。[2]比如说，如果让几千人用一个数字描述"真实可能性"所对应的概率，那么，他们的回答可能会是 25% 到 85% 之间的任意数字。在与他人交流时，含糊不清的措辞会带来问题，而且无论发生什么，我们总能为自己找到心理庇护。如果明年的销售增长率确实超过 10%，那我们就可以说，"我告诉过你，这是真正的可能性"。否则，我们也可以这样说，"我告诉过你，这只是一种所谓真实的可能性"。

跟踪概率预测及其对应结果还可以为我们提供精确的反馈。对主动型投资者而言，成功最终归结为实现超额收益。但众所周知的是，股价波动是嘈杂无序的。因此，把投资案例分解为概率和结果，可以让我们对估值进行合理量化。

最终的目标是尽可能地对预期结果进行校准，使之无限接近真实结果。校准（calibration）衡量了赋值概率与实际结果的差异。比如说，如果一个善于按实校准的人说，某个事件出现特定结果的概率为 70%，那么，我们可能会发现，它确实会在 10 次事件中出现了 7 次。研究表明，跟踪这些概率和结果可以提供有价值的反馈，它能让预测者在较长时间内持续校准，让预测结果不断接近真实结果。[3]

预期错配（expectations mismatch）是指价格与预期价值之间的差异，它是决定买入还是卖出一只股票的基础。错配意味着，分析促使我们相信，针对公司前景的某些信息并未反映在股票价格中。而这种不同认知依赖于我们对此估算的概率和结果。

如果预测的结论最终如期而至，那么，我们就应在分析过程中遇到某些路标性事件，确认我们的研究方向是正确的。如果我们认为全年销售额增长率超过 10% 的概率为 70%，那么，这个增长率就应出现在 70% 的情况下。这表明，我的研究没有脱离正轨。

此外，在结果偏离我们的预测时，这些路标就会向我们发出明确的警示：我们需要重新审视自己的分析过程。如前所述，抛出股票的原因之一，就是我们的分析没有达到预期目的。这种情况不可避免。但关键是要以坦诚的态度应对这种情况，把时间配置给更有前景的机会。

2. 评估宏观经济波动

宾夕法尼亚大学心理学教授菲利普·泰特洛克（Philip Tetlock）跟踪了数千名专家对政治、社会和经济的预测结果，并在《狐狸与刺猬：专家的政治判断》(*Expert Political Judgment*) 一书中介绍了这项研究。[4] 泰特洛克发现，这些专家的预测并不比平常人偶尔做的预测好多少，甚至也只比非专家人士的随机预测好一点点而已。他还发现，专家们的最大态度，就是对预测结果的信心往往远超出它们的预测能力。

使用预期投资法的投资者会意识到，它们的预测能力不太可能超过专业人士。因此，它们更愿意坦然面对宏观经济动荡带来的种种结果。这些变动因素包括石油等主要大宗商品价格的剧烈波动、飓风和地震等自然灾害、通货膨胀、地缘政治冲突以及中央银行政策的调整。

利用第四章介绍的行业地图，可以帮助预期投资者了解行业动态，评估当前以及未来的盈利能力趋势。因此，我们可以利用该模型判断经济震荡对目标公司及其所在行业乃至整体经济的影响。此外，我们还可以将这些潜在预测纳入到情景分析中。利用蒙特卡罗法（Monte Carlo），我们可以估计一系列可能出现的结果，这也是我们认识和评价经济变动的有效方法。

使用第三章描述的预期架构，我们来评估宏观变化对如下三个价值触发要素的影响：销售额、营业成本和投资。然后，再深入考虑这些触发因素对六个价值因素的影响：销售量、价格和产品组合、经营杠杆、规模经济、成本效率以及投资效率。而价值因素又通过四个价值驱动要素——销售增长率、营业利润率和投资增长率，对市场预期做出最终评估。

食品行业以及食品医药零售股在新冠疫情的潜伏期和爆发期内均业绩不佳，但是在发酵阶段则异军突起，这无疑是市场调整预期、接受危机严重性的结果。另外，酒店、餐饮和休闲股在疫情初期的表现还算不温不火，但随着市场开始认识到疫情的严重性，相关板块陷入全线溃败。也就是说，所有收益率都根据风险进行了相应调整。

此外，研究人员还发现，高负债率公司的股票在发酵期的收益能力不及低负债公司。酒店和航空公司等高固定成本企业的财务杠杆往往高于平均水平。因此，很多公司不得不面临生存威胁。另外，高现金余额公司的股票表现则相对良好，毕竟，它们更有可能凭借资金能力熬过危机。

尽管没有人能预见未来，但预期投资法至少为我们提供了思考和应对各种宏观经济冲击的工具。

3. 评估高管的变化

管理层变更是重新审视预期投资的好时机，尤其是在股价表现不佳之后，这一点更为重要。[5] 当然，管理层变更的影响可能是利好消息，也可能是利空消息，也有可能是中性的。但我们显然有必要重新评价公司经营绩效、战略定位和资本配置策略，以识别是否存在潜在预期修正的机会。

在《商界局外人》（*The Outsiders*）一书中，私募股权基金创始人威廉·桑代克（Will Thorndike）讲述了8位CEO的故事，它们在任期内均为股东创造了不菲的收益。[6] 换句话说，他们上任伊始时，市场并不看好这些公司，因而给出的预期自然非常低迷。这个群体的共同特点就是强调资本配置、善于独立思考以及关注长期价值的创造。此外，它们还善于分析，并在媒体面前始终保持相对低调。我们从中可以汲取的一个重要教训，就是要评估公司的新管理团队，以判断是否存在可能会重置市场预期的潜在变化。

紧随业绩疲软下跌期或强势增长期而来的转型阶段尤其值得注意。例如，2002 年 2 月，大卫·科特（David Cote）成为全球工业巨头霍尼韦尔（Honeywell）的新掌门人。2000 年末，霍尼韦尔刚刚与行业龙头通用电气（GE）达成协议，计划按每股 55 美元的价格被后者收购。但交易在 2001 年 7 月因监管问题被取消。到科特接手霍尼韦尔时，被收购计划的破产与当年全球经济衰退相互叠加，导致公司股价大幅跌至 35 美元。但科特推行的运营、战略及财务策略很快让公司的营业利润率提高 700 个基点，并推动公司股票在其 15 年任期内轻松跑赢标普 500 指数。[7]

高层管理权的转手很可能是投资者重新审视市场预期的机会。[8]当杰克·韦尔奇于 1981 年成为通用电气新任 CEO 时，公司市值已在过去十年中累计缩水 1/4。韦尔奇当机立断，重新调整了公司的业务组合，并开始大刀阔斧地削减成本。此外，通用电气兑现市场季度收益预期的新闻也成为坊间炒作热点。韦尔奇精心挑选的继任者杰夫·伊梅尔特（Jeff Immelt）于 2001 年 9 月走马上任。在韦尔奇任职期间，通用电气的股票收益率几乎已达到标普 500 指数的 4 倍，市场预期持续高企。

通用电气股价带来的市场高预期与拙劣的资本配置相结合，最终导致通用电气股票在伊梅尔特任期内实现了 8% 的累计股东收益率。同期的标普 500 指数累计股东收益率为 214%。要根据高管的历史业绩预测它们在新岗位上可能实现的绩效，显然是一项几乎不可能完成的任务。哈佛商学院组织行为学教授鲍里斯·格罗伊斯伯格（Boris Groysberg）对明星级管理人加入新组织后的表现进行了研究。离开通用电气的高管显然非常有代表性。[9]通用电气在纽约克罗顿维尔拥有自己的高管培训中心，该中心因高质量的培训课程和顶级毕业生而闻名遐迩。格罗伊斯伯格与同事的研究对象是 20 名高管人员，在截至 2001 年的 12 年，它们离开通用电气，接受其他公司邀请担任新公司的首席执行官或董事长。在这 20 位管理人中，有一半进入业务与通用电气类似的企业。它们的能力被平移到新公司，并帮助新公司取得了良好的业绩。其他 10 人进入业务完全与 GE 不同的公司。但这些公司在它们领导期间却陷入困境。尽管通用电气在培训高管方面的声誉毋庸置疑，但能力不匹配妨碍了这些高管在新岗位的成功。

4. 了解股票拆分、股息分红、股票回购及新股发行

2020 年夏天，苹果公司（1 股拆 4 股）和特斯拉公司（1 股拆 5 股）这两家全球超级公司纷纷发布了股票拆分公告。两只股票随即大幅暴涨。但如果从真实的数字出发，这些操作其实没有带来任何新的价值，因为股票分割只是把股东价值分摊给更多的股票。不管被切成八片还是被切成四片，一块比萨的大小没有丝毫变化。

近期研究显示，股票分割确实会给股东带来超额收益，但这种影响往往是暂时的。[10] 至于这种超额收益的原因，说法多有不同。有一种理由是说，这相当于对本节所述概念的综合，即股票分割是董事会向市场传递信心的信号。另一个理由则是股票分割为股票创造了更多的流动性。对非流通股而言，它需要为持有者提供能带来预期收益的溢价，因此，增加流动性相当于降低非流通股的溢价，从而增加了流通股的价值。[11] 但我们认为，把股票分割是创造实质性预期差异来源的说法不足取。

在对税收、分割时点、股东再投资和股价做出严格假设的情况下，股息和股票回购不存在任何实质性区别。唯一的不同之处，就在于高管对股息与回购的态度。它们认为，维持股息与资本支出同等重要，但通常把回购视为满足所有合理投资机会后的一种剩余现金使用方式。[12] 我们可以通过数据看到这一点。与不规律的回购相比，股息支付的总体趋势相对平稳。

此外，股息也会给预期投资者提供信号。其中一个信号，就是股息的变动与未来盈利能力正相关。[13] 董事会把股息支付视为一种准契约，这

不无道理，因为只有在对未来现金流有足够信心时，它们才会承诺支付股息。但这个信号在现实中的表现较为复杂。

股息还可以提供有关未来现金流波动性的信号。[14] 在开始发放股息或是增加股息后，现金流的波动性通常会有所下降，而股息削减通常预示着现金流波动性会增强。波动性变动会影响资本成本，进而影响股票价格。虽然学术界早已论证了股息的信号效应，但这些信号的强度还不足以带来明显的预期调整，并最终引发投资行为。

此外，买入和发行股票也为投资者提供了重新审视市场预期的理由。我们在第十一章曾提到，回购被低估股票会增加存续股东享有的价值。而第十章则指出，在并购交易中，当收购方以发行新股为收购融资时，公司的总体业绩不及全部采用现金的收购方。

退一步说，学术研究从更宽泛的视角解读了这个问题。在发行新股后，随后的累计股东收益情况往往表现不佳，而回购股票通常会得到高于平均水平的收益。[15] 尽管泛泛的研究或许不适合具体情景中的具体企业，但理解这种模式显然会让预期投资者从中受益。

事实上，通过资本配置研究可以得出的总体结论是，高资产增长率是未来极端低收益率的强烈信号，反之亦然。[16] 这当然不难解释，公司一方面要在投资上消耗大量资金，另一方面还要通过资产增长实现远超过资本成本的收益率，这绝对不是轻而易举即可实现的事情。基金经理在扩大投资组合规模时很难找到顺心如意的股票，同样，巨大的资金配置对高管同样并非易事。

5. 估计诉讼的影响

公司行为难免会招致法律诉讼。而且这样的案例不胜枚举，最具轰动性事件包括：2010 年的英国石油天然气公司（BP）"深水地平线"油井泄露事件；德国大众汽车公司隐瞒部分产品的排放量数据；美国能源公司安然因采取财务造假，欺诈股东而破产。

研究表明，在遭遇诉讼后，被起诉公司的股价会做出负面反应。[17]股价下跌可能来自几个方面，其中一个原因是因败诉而承担的罚款。例如，除罚款和清理费用之外，英国石油为解决诉讼还额外支付了约 200 亿美元。[18]不过需要提醒的是，被告方最终很少会支付原告索赔的金额，而且很多公司都会购买商业保险，以抵消部分损失。

这些罚款增加了需要从公司价值中扣除的负债，从而降低了最终的股东价值结果。在某些情况下，诉讼损失甚至会让公司破产。例如，"奥施康定"止痛剂制造商普渡制药（Purdue Pharma）被控在阿片类药物危机中扮演了主要角色，随后，公司与相关各州达成金额高达数十亿美元的和解协议，逃脱了破产厄运。

股价表现不佳的原因也可能是未来现金流的下降，尤其是在被诉行为导致企业声誉受损时。例如，在对排放量数据进行造假被曝光后的一段时间，大众汽车一度被禁止在美国销售柴油汽车。

基于对相关法律的分析，投资者可能认为市场高估或低估了诉讼费用。把这项分析纳入到预期投资过程中，即可对预期机会做出更合理的评估。

6. 关注外部变化：补贴、关税、进口配额及法规

公司需要以各种策略打造竞争优势，包括以低于竞争对手的价格提供商品或服务，按高于市场平均水平的价格为商品或服务定价。但如果遭到政府以补贴、关税、配额和法规等要求进行的干预，优势可能会发生变

化。在商业环境中，这些干预措施已无处不在。例如，美国的联邦法规足足有 180 000 多页。[19] 监管干预措施的变化，同样会带来市场预期的调整。

　　一个典型示例就是政府的关税威胁或是直接征收关税，从而限制了特定商品的进口。2017 ～ 2020 年，美国曾数次威胁对来自中国、加拿大、墨西哥、巴西和法国的商品征收关税。在很多情况下，对方国家也会采取对等措施进行报复，从而扰乱了贸易的正常秩序。譬如，2019 年 12 月上旬，美国宣布对从巴西和阿根廷进口的钢铁和铝征收关税。这让市场感到措手不及，并直接导致美国钢铁生产商的股价大幅上涨。

　　2020 年 11 月，加利福尼亚州选民对"22 号提案"进行了表决。该提案允许拼车和货运公司继续把司机视为独立承包商，而非公司雇员。因此，否决该提议将意味着，公司必须雇用司机作为员工，这就大大增加了公司的经营成本。显然，承包商比员工有更多的灵活性，比如说，他们可以选择自己喜欢加入的公司，根据自己的意愿安排工作时间。

　　在"22 号提案"通过的消息传出后，优步（Uber）和 Lyft 等大型拼车及快递公司的股票随之暴涨。对行业采取监管会让大型传统企业成为受益者，因为合规成本的增加自然会提高行业进入壁垒。想想欧盟为保护数据和隐私权而通过《通用数据保护法规》（GDPR），该法规于 2018 年 5 月开始实施。

　　欧盟及美国公司落实这项法规的成本估计超过 2 800 亿美元。虽然该法案旨在限制谷歌母公司 Alphabet 等科技巨头的垄断实力，但很多小公司显然缺乏满足 GDPR 要求的资源。结果，谷歌反倒趁机打击了竞争对手，斩获了更多的市场份额。[20]

　　与宏观经济波动类似，政府干预同样难以预料。但投资者可以把这些因素考虑到情景分析中，并使用预期架构量化它们给股东价值造成的潜在影响。

7. 对资产剥离影响的评估

公司创造价值的另一种方式是资产剥离，包括对整体业务进行出售或分拆。实施资产剥离的常见动机，就是公司认为特定业务对其他所有者更有价值，或是通过资产剥离能提高母公司的业务专业性。研究表明，对大多数公司而言，大部分价值是由少数资产创造的。[21] 聪明的资本配置者都清楚，他们的某些业务或资产无法收回资本成本，但是在战略收购者或财务收购者的手里可能更有价值.

剥离低收益业务，然后收到超过业务价值的对价，整个过程的实质就是简单的加减法。公司在减少规模的同时，也增加了价值。第十章指出，收购方很难通过并购创造价值，因为它们承诺的溢价往往会超过可能实现的协同效应。尽管并购在总体上会创造价值，但更常见的情况下，财富只是由收购方股东转移给出售方股东。换句话说，就总体而言，卖家比买家更有利可图。

大多数公司高管都有追求成长的动力，因而不愿接受规模收缩的事实。有时，由于业绩不佳或是财务状况不稳定等问题，公司不得不出售资产。但针对资产剥离的研究显示，剥离在总体上是创造价值的。[22] 此外，相关分析还表明，在免税基础上，当母公司按持股比例将全资子公司股份分配给股东时，分拆不仅会增加分拆业务的价值，也会给母公司创造价值。

当善于资本配置的 CEO 接管资产业绩不佳的公司时，剥离很可能会成为创造价值的大好时机。这样的组合为预期修正奠定了基础。

8. 对极端性股价波动的处理

有的时候，我们可能会遭遇持股出现大幅涨跌的情况。这些损失或收益的起因很可能来自盈利公告——而它们所传递的真实信息不过是预测，或是关键高管辞职等意外消息。

这些重大变动或将引发市场做出强烈的情绪性反应。假如我们持有一家公司的股票，那么，在其股价暴跌时，我们当然会感到沮丧和痛苦，甚至陷入心理误区。针对投资决策的研究表明，在情绪激动时，投资者很难做出理性决策。因此，在这些条件下，投资者当然难以坚持预期投资的基本原则。

使用清单可以帮助我们在任何情况下做出合理决策。在实务中，我们可以使用两类清单。按照第一类清单，我们按要求完成任务，然后，停下来确认我们已完成清单列示的全部任务。这就是飞行员在飞机起飞前需要做的事情。这种清单有助于我们进行常规的预期投资过程。

第二类清单适用于紧急状况或压力情景。此时，我们需要阅读清单，并根据清单执行任务。比如说，如果飞机发动机在飞行过程中发生故障，那么，飞行员就可以参照这种清单进行操作。这才是我们需要的清单，以指导股价大幅波动后的决策。

不妨从价格下跌开始分析。我们对超过 25 年的 5 400 个案例进行了分析，这些样本均对应于公司股价在一天内相对标普 500 指数下跌 10 个百分点的情景。我们把这些股价下降事件分为收益性事件和非收益性事件。[23] 然后，我们在估计下降之前测量三个因素：市场动量、估值和公司质量。[24] 增加分析因素会缩小参考类别的样本量，但也会提高观察结果之间的可比性。最后，我们计算出股价下跌后 30、60 和 90 个交易日的平均超额收益。

我们对 25 年中 6 800 次单日相对价格上涨超过 10 个百分点的情景进行了相似性分析。结果显示，分析收益比损失更棘手，因为我们必须剔除因收购带来的股价上涨。[25] 无论对于股价下跌还是上涨，买入信号更常见于缺乏市场动量但估值有吸引力的股票，而卖出信号则常见于上涨股票。

动量和估值表明市场给予较高预期。

也就是说，通过分析，为估计相应类别平均收益率提供了一个朴素的默认假设。平均收益率只能说明问题的一部分，因为所有类别的收益率都具有分布性，这意味着，任何特定情况下的超额收益都有可能不同于平均收益率。但基本利率有助于量化特定结果的概率性，并为制定买入、出售或持有股票的决策提供指南。

本章小结

- 投资者需要随时应对宏观经济波动及其他外部变化，如补贴、关税、进口配额和监管法规等。可以利用预期架构进行分析。此外，我们还可以使用基本利率评价股票价格的大幅变动。
- 股票分割、调整股息政策、发行新股或股票回购等公告都可以为市场提供信号，表明我们应适时调整预期。
- 管理层变更可能会成为修正预期的重要催化剂，尤其是在新领导层强调价值创造，而不只着眼于增长的时候。

第一章　预期投资基础理论

1. Warren E. Buffett, "Buy American. I Am." *New York Times*, October 16, 2008, https://www.nytimes.com/2008/10/17/opinion/17buffett.html?_r=0.

2. 我们假设投资者已选择了能反映其风险承受能力的投资政策，从而决定了股票敞口的水平以及投资的分散化程度。

3. Berlinda Liu and Gaurav Sinha, "SPIVA® U.S. Scorecard," *S&P Dow Jones Indices Research*, September 21, 2020

4. 这个观点被称为能力悖论（paradox of skill）。参见：Michael J. Mauboussin, *The Success Equation: Untangling Skill and Luck in Business, Sports, and Investing*（Boston: Harvard Business Review Press, 2012）, 53-58.

5. 就平均水平而言，主动型基金经理的收益率低于基准收益率，而且主要原因在于收费。参见：William F. Sharpe, "The Arithmetic of Active Management," *Financial Analysts' Journal* 47, no. 1（January-February 1991）: 7-9.

6. John C. Bogle, *Common Sense on Mutual Funds: New Imperatives for the Intelligent Investor*（New York: Wiley, 1999）, 92.

7. Ben Johnson and Gabrielle Dibenedetto, "2019 U.S. Fund Fee Study: Marking Nearly Two Decades of Falling Fees," *Morningstar Manager Research*, June 2020.

8. Berkshire Hathaway Annual Report, 2000, 13, https://www.berkshire hathaway.com/letters/2000pdf.pdf.

9. Jack L. Treynor, "Long-Term Investing," *Financial Analysts' Journal* 32, no. 3（May-June 1976）: 56.

10. John Burr Williams, *The Theory of Investment Value*（Cambridge, MA: Harvard University Press, 1938）, 186-191.

11. 实证研究表明，如果发布公告所涉及的会计政策变更只涉及财务收益，而不改变现金流，那么该公告不会影响股票价格。

12. Investment Company Institute, *Investment Company Fact Book: A Review of Trends and Activities in the Investment Company Industry*, 61st. ed., May, 2021, https://www.ici.org/system/fles/2021-05/2021_factbook.pdf.

13. Alfred Rappaport, "CFOs and Strategists: Forging a Common Framework," *Harvard Business Review* 70, no. 3（May-June 1992）: 87.

14. John R. Graham, Campbell R. Harvey, and Shiva Rajgopal, "Value Destruction and Financial Reporting Decisions," *Financial Analysts' Journal* 62, no. 6（November-December 2006）: 27-39.

15. Frank J. Fabozzi, Sergio M. Focardi, and Caroline Jonas, *Equity Valuation:Science, Art, or Craft?*（Charlottesville, VA: CFA Institute Research Foundation, 2017）. 基于 2015 年 CFA 学会研究院对近两千名受访者的采访。

第二章　市场如何对股票估值

1. 假设有人向你提供一份合同，并约定从今天起的一年之后，你将收到 1 万美元。那么，你在今天应为取得这份合同支付的最高价格是多少？当然，答案取决于你在明年预期可以实现的收益率是多少。如果可比风险投资的一年期利率为 5%，那么，对于你支付的这笔钱，若按 5% 的利率复利计算，应在年底得到 1 万美元。考虑到已经知道这笔钱在第 2 年底的价值（10 000 美元）和贴现率（5%），就可以轻松确定出这笔钱的现值，或者说，你应该支付的最高金额为 9 524 美元：

$$现值 \times （1+收益率）=未来值（终值）$$
$$现值 \times （1+5\%）= 10\ 000（美元）$$
$$现值=9\ 524\ 美元。$$

2. Neil Barsky, "Empire State Building to Be Sold to a Peter Grace Family Member," *New York Times*, October 31, 1991.

3. John C. Bogle, *John Bogle on Investing: The First 50 Years*（New York: McGraw-Hill, 2000）, 53.

4. 在计算自由现金流时，尽管都属于非现金支出，但为什么要加回已购入无形资产的摊销，却不加回折旧呢？折旧反映的是实物资产的磨损，因而更适宜被当作营业费用。而收购无形资产的摊销完全是会计处理造成的。公司对无形资产（如客户外购或独立创建的品牌）的投资被计为费用，而不是资本。而且公司仅对外购无形资产计提摊销。尽管外购无形资产也会逐渐丧失价值，但由于公司为保持这些资产进行的投资已被费用化，因此，我们不能对公司的盈利进行重复惩罚（第一次惩罚是计提摊销，第二次则是通过无形资产投资）。

我们为什么要在经营租赁费的基础上加回内含利息费用呢？从2019年初开始，无论是按照美国《一般公认会计原则》（GAAP）还是《国际财务报告准则》（IFRS）披露财务报告，多数公司需要把多数租赁费用反映在资产负债表上。按照美国《一般公认会计原则》，包括嵌入利息在内的全部租赁费用仍被列为费用。根据《国际财务报告准则》，租赁费用需要适当分配到折旧费用和利息费用中。在计算税后净营业利润时，为保持一致，我们需要把嵌入利息费用加回到营业利润中。

5. 通常可以按资产负债表中累计递延税项（递延税项资产和递延税项负债的差额）的变动额，估计账面税额与现金税额之间的调整项。

6. 请注意，即使是对非现金支出项目，我们也没有通过调整营业利润来反映折旧费用。但由于我们从资本支出中扣除折旧，所以自由现金流确实是一个"现金"数字。因此，我们可以将折旧加回营业利润，再扣除全部资本支出而非增量投资，即可得到同一个自由现金流。

7. Michael J. Mauboussin and Dan Callahan, "One Job: Expectations and the Role of Intangible Investments," *Consilient Observer: Counterpoint Global Insights*, September 15, 2020, based on Charles R. Hulten, "Decoding Microsoft: Intangible Capital as a Source of Company Growth," *NBER Working Paper 15799*, March 2010.

8. Michael Bradley and Gregg A. Jarrell, "Expected Inflation and the Constant-Growth Valuation Model," *Journal of Applied Corporate Finance* 20, no. 2（Spring 2008）: 66-78.

9. 比如，对于已不太可能持续经营的衰退性公司而言，清算价值就是对其剩余价值的最佳估计。

10. 原因如下。假设股东在5年前向一家公司投入5 000万美元的初始资本。在接下来的5年中，这笔投资的账面价值从最初的5 000万美元增长到 7 000 万美元。但公司的同期市值则增加到 1 亿美元。假设合理的投资收益率为 9%。那么，股东是否对凭借这 7 000 万美元账面价值实现的 9% 收益率感到满意呢？或者说，他们是否会预期按 1 亿美元市值取得 9% 的收益率呢？投资者显然希望按当期市场价值取得回报。

11. 并非所有公司都可以就其全部利息费用享受税收减免待遇。根据 2017 年《减税和就业法案》，对销售额超过 2500 万美元的公司，利息扣除限制为截至 2021 年累计息税折旧及摊销前利润（EBITDA）的 30%。根据 2017 年数据，按照这项政策，受影响范围涉及罗素 3000 指数中 15% 左右的成分股（不包括金融服务和房地产公司）。从 2022 年起，利息扣除上限将调整为息税前利润（EBIT）的 30%。根据 2017 年的数据，罗素 3000 指数中约 20% 的成分股（同样不包括金融服务和房地产公司）会受到影响。

12. 我们采用资本资产定价模型（CAPM）计算股权成本。尽管质疑 CAPM 模型有效性的声音从未停止过，但它依旧是量化风险–收益关系中最常见也是最受欢迎的模型。批评者提出的证据表明，除贝塔系数之外，公司规模、市净率、盈利能力、资产增长率和市场动量等其他因素，都有助于我们理解股票的长期预期收益率。但他们缺乏可信赖的理论解释这些结果。此外，大量证据表明，投资者确实在使用 CAPM 模型。相关示例参见：Jonathan B. Berk and Jules H. van Binsbergen, "How Do Investors Compute the Discount Rate? They Use the CAPM," *Financial Analysts' Journal* 73, no. 2 May 2017: 25-32. 我们承认，围绕 CAPM 模型确实存在不同见解，而且我们也不认为，使用该模型是预期投资法成功的核心。

13. 通过以代表整个股票市场的股票构建投资组合，几乎可以分散全部非系统性风险或个别公司的特殊风险。因此，在市场对证券的定价中，对投资者予以的补偿仅限于不可分散的市场风险，或者说，整体市场波动中的系统性风险。我们以贝塔系数对市场的系统风险进行衡量。

14. 这些模型通常需要对现金流和预测期做假设，并使用现行市场价格求解贴现率。有关股息模型和预期收益率的详细讨论，请参阅：Bradford Cornell, *The Equity Risk Premium* (New York: Wiley, 1999), chap. 3. For a broader discussion of the cost of capital, see Shannon P. Pratt and Roger J. Grabowski, *Cost of Capital: Applications and Examples*, 5th ed. (Hoboken, NJ: Wiley, 2017) .

15. Brett C. Olsen, " Firms and the Competitive Advantage Period, " *Journal of Investing* 22, no. 4 (Winter 2013) : 41-50.

16. Matt Krantz, "15 Companies Stockpile $1 Trillion In Cash (And Investors Want It) ," *Investor's Business Daily*, March 3, 2021.

17. John R. Graham and Mark T. Leary, " The Evolution of Corporate Cash, " *Review of Financial Studies* 31, no. 11 (November 2018) : 4288-4344.

18. 对债券或优先股进行估值时，使用的是市场价值，而不是账面价值。发行后的利率变化会导致它们的市场价值偏离账面价值。比如，如果利率上调，市场价值将低于账面价值。因此，如果使用账面价值，则会高估债券和优先股的现值，从而低估了股东价值。当利率下调时，情况正好相反。我们可以在彭博等金融网站查询公开交易债券及优先股的当前价格。在估计非公开交易债务的价值时，需要按当前市场利率对风险可比债券的利息费用进行折现。

19. 如果养老基金资金不足，资金部分的金额将作为负债列示在资产负债表中。如果资金过剩，则在资产负债表中显示为资产。

20. 我们使用考虑通胀率的永续法（见附录 2A 中的式（2-7））计算持续经营价值，其中，预期通胀率为 2%。

$$持续经营价值= \frac{[税后净营业利润 \times（1+通胀率）]}{（资本成本-通胀率）}$$

$$= \frac{（18.12 \times 1.02）}{（0.08-0.02）} = 3.0804亿（美元）$$

在 5 年期内，以 8% 的资本成本对上述持续经营价值进行贴现，得到的现值为 2.0963 亿美元。

21. 永续法的假设其实并非不可思议，因为随着现金流发生时点距离现在越来越远，它们的现值自然会不断减少。比如，以贴现率 15% 计算 1.00 美元的永续年金价值为：1.00 美元 /0.15 =6.67 美元。以下是 1.00 美元年金在 5 ~ 25 年期间的现值：请注意，到第 10 年，我们即可实现全部永续价值的 75%，到第 15 年的现值已接近永续价值的 90%。随着贴现率的增加，达到永续价值的时间也会相应缩短（见下表）。

年数	年金现值（美元）	占永续价值的百分比（%）
5	3.35	50.20
10	5.02	75.3
15	5.85	87.7
20	6.26	93.9
25	6.46	96.9

22. 如果我们把永久现金流模型中采用的贴现率从名义值调整为实际值，那么，估值将等于按考虑通胀率的永续法得到的估值。比如，我们可以假设实际资本成本为 5.88%，预期通胀率为 2%。名义资本成本为：[（1+ 实际资本成本）×（1+ 预期通胀率）]-1。在这个例子中，名义资本成本为 [（1+0.0588）×（1+0.02）]-1，即 8%。现在，我们再假设，在预测期最后一年进行增量投资前的自由现金流为 1.00 美元。因此，按永续法得到

的持续经营价值为：1.00 美元 /8%=12.50 美元。然后，将永续年金模型的贴现率从名义值调整为实际值，即 1.00 美元除以实际资本成本 5.88%，可以得到持续经营价值为 17.00 美元，这与考虑通胀率的永续法得到的价值是相同的。

第三章　预期架构

1. 公司报告及演示稿。相关示例见：https://corporate.goodyear.com/documents/events-presentations/DB%20Global%20 Auto%20 Presentation%202016%20FINAL.pdf.

2. AnnaMaria Andriotis, "Another Challenge for Small Businesses: Higher Card Fees Could Be on the Way," *Wall Street Journal*, April 9, 2020.

3. Gustavo Grullon, Yelena Larkin, and Roni Michaely, "Are US Industries Becoming More Concentrated?" *Review of Finance* 23, no. 4（July 2019）: 697-743.

4. Michael E. Porter, *Competitive Advantage: Creating and Sustaining Superior Performance*（New York: The Free Press, 1985）, 70-73.

5. David Besanko 指出，规模经济也会影响投资。例如，随着销售量不断增加，公司会投资创建规模更大、自动化程度更高的工厂，但这些工厂也降低了投资增长率。我们认为，投资的规模经济难以衡量，而且在预期投资中也并非不可或缺。因此，我们没有在预期架构中纳入这个变量。

6. David Besanko, David Dranove, Mark Shanley, and Scott Schaefer, *Economics of Strategy*, 7th ed.（Hoboken, NJ: Wiley, 2017）, 292-295.

7. "Workday and Chiquita: Managing a Fast-Moving, Global Workforce," https://www.workday.com/content/dam/web/en-us/documents/

case-studies /workday-chiquita-case-study-drove-down-costs.pdf.

8. Greg Ip, "Bringing the iPhone Assembly to the U.S. Would Be a Hollow Victory for Trump," *Wall Street Journal*, September 18, 2018。

9. 有关投资效率如何影响超额收益的示例，请参见：Baolian Wang, "The Cash Conversion Cycle Spread," *Journal of Financial Economics* 133, no. 2（August 2019）: 472-497.

10. 在这种情况下，我们继续假设所需要的投资增长率维持不变。

11. 有关门保底营业利润率（也被称为临界利润率或最低要求收益率）一词的来源，请参见：Alfred Rappaport, "Selecting Strategies That Create Shareholder Value," *Harvard Business Review* 59, no. 3（May-June 1981）: 139-149.

12. 针对持续经营价值，以考虑通胀率的永续法计算保底营业利润率的公式如下所示：

$$\text{保底营业利润率}_t - \frac{(\text{营业利润率}_{t-1}) \times (1+\text{通货膨胀率})}{(1+\text{销售增长率}_t)} +$$

$$\frac{[\text{销售增长率}_t / (1+\text{销售增长率}_t)] \times \text{投资增长率} \times (\text{资本成本}-\text{通货膨胀率})}{(1-\text{现金税率}) \times (1+\text{资本成本})}$$

其中，t 为指定的第 7 个预测年份。

第四章　分析竞争战略

1. 有关这个话题的深入讨论以及相应的检验标准，请参见：Michael

J. Mauboussin, Dan Callahan, and Darius Majd, "Measuring the Moat: Assessing the Magnitude and Sustainability of Value Creation," *Credit Suisse Global Financial Strategies*, November 1, 2016.

2. Bruce Greenwald and Judd Kahn, *Competition Demystifed: A Radically Simplifed Approach to Business Strategy* (New York: Portfolio, 2005), 52-53.

3. Orit Gadiesh and James L. Gilbert, "Profit Pools: A Fresh Look at Strategy," *Harvard Business Review*, 76, no. 3 (May-June 1998) : 139- 147; and Orit Gadiesh and James L. Gilbert, "How to Map Your Industry's Profit Pool," *Harvard Business Review* 76, no. 3 (May-June 1998) : 149-162.

4. Michael Gort, "Analysis of Stability and Change in Market Shares," *Journal of Political Economy* 71, no. 1 (February 1963) : 51-63.

5. Michael E. Porter, *Competitive Strategy: Techniques for Analyzing Industries and Competitors* (New York: The Free Press, 1980), 3-33.

6. David Besanko, David Dranove, Mark Shanley, and Scott Schaefer, *Economics of Strategy*, 7th ed. (Hoboken, NJ: Wiley, 2017), 186-211.

7. Sharon M. Oster, *Modern Competitive Analysis* (Oxford: Oxford University Press, 1999), 57-82.

8. Besanko et al., *Economics of Strategy*, 111-112.

9. Clayton M. Christensen, *The Innovator's Dilemma: When New Technologies Cause Great Firms to Fail* (Boston: Harvard Business School Press, 1997).

10. Christensen, *The Innovator's Dilemma*, 32.

11. Andrew S. Grove, *Only the Paranoid Survive* (New York: Currency/ Doubleday, 1996).

12. Larry Downes and Paul Nunes, "Blockbuster Becomes a Casualty of Big Bang Disruption," *Harvard Business Review Online*, November 7, 2013, https:// hbr.org/2013/11/blockbuster-becomes-a-casualty-of-big-bang-disruption.

13. Frank Olito, "The Rise and Fall of Blockbuster," *Business Insider*, August 20, 2020, https://www.businessinsider.com/rise-and-fall-of-blockbuster.

14. Adam M. Brandenburger and Harborne W. Stuart Jr., "Value-Based Business Strategy," *Journal of Economics and Management Strategy* 5, no.1 (Spring 1996): 5-24.

15. Michael E. Porter, *Competitive Advantage: Creating and Sustaining Superior Performance* (New York: The Free Press, 1985), 36.

16. Joan Magretta, *Understanding Michael Porter: The Essential Guide to Competition and Strategy* (Boston: Harvard Business Review Press, 2012), 73.

17. Carl Shapiro and Hal R. Varian, *Information Rules: A Strategic Guide to the Network Economy* (Boston: Harvard Business School Press, 1999).

18. W. Brian Arthur, "Increasing Returns and the New World of Business," *Harvard Business Review* 74, no. 4 (July-August 1996): 101-109.

19. Shapiro and Varian, *Information Rules*, 117.

20. Daniel M. McCarthy, Peter S. Fader, and Bruce G. S. Hardie, "Valuing Subscription-Based Businesses Using Publicly Disclosed Customer Data," *Journal of Marketing* 81, no. 1 (January 2017): 17-35.

21. Daniel M. McCarthy and Peter S. Fader, "How to Value a Company

by Analyzing Its Customers, ” *Harvard Business Review* 98, no. 1（January-February 2020）: 51-55.

第五章　如何估计价格隐含预期

1. Warren E. Buffett, “ How Inflation Swindles the Equity Investor, ” *Fortune*, May 1977, 250-267.

2. 埃斯瓦斯·达莫达兰的网站针对资本成本提供了完整的讨论及很多分析工具，见 http://www.stern.nyu.edu/ ～ adamodar.

3. 参见：Merton H. Miller and Franco Modigliani, “ Dividend Policy,Growth, and the Valuation of Shares, ” *Journal of Business* 34, no. 4（October 1961）: 411-433. 市场隐含预测期这一概念源自阿尔弗雷德·拉帕波特的《创造股东价值：企业业绩的新标准》（ *Creating Shareholder Value: The New Standard for Business Performance*（New York: The Free Press, 1986）一书，他当时把这个概念命名为"价值增长久期"（value growth duration）。有关市场隐含预测期在证券分析中的作用，详细讨论请参见：Michael Mauboussin and Paul Johnson, “ Competitive Advantage Period: The Neglected Value Driver, ” *Financial Management* 26, no. 2（Summer 1997）: 67-74. The authors call the forecast period the *competitive advantage period*. For a discussion of fade rate, see David A. Holland and Bryant A. Matthews, *Beyond Earnings:Applying the HOLT CFROI and Economic Profit Framework*（Hoboken,NJ: Wiley, 2017）.

4.Brett C. Olsen, “ Firms and the Competitive Advantage Period, ” *Journal of Investing* 22, no. 4（Winter 2013）: 41-50.

5. Plantronics, Inc., Form 8-K, November 4, 2019.

第六章 识别预期机会

1. Don A. Moore, *Perfectly Confident: How to Calibrate Your Decisions Wisely*（New York: Harper Business, 2020）.

2. J. Edward Russo and Paul J. H. Schoemaker, "Managing Overconfidence," *Sloan Management Review* 33, no. 2（Winter 1992）: 7-17.

3. Raymond S. Nickerson, "Confirmation Bias: A Ubiquitous Phenomenon in Many Guises," *Review of General Psychology* 2, no. 2（June 1998）: 175-220; and Chu Xin Cheng, "Confirmation Bias in Investments," *International Journal of Economics and Finance* 11, no. 2（February 2019）: 50-55.

4. Domino's Pizza, Inc., 10-K, 2019.

5. Steve Gerhardt, Sue Joiner, and Ed Dittfurth, "An Analysis of Expected Potential Returns from Selected Pizza Franchises," *Journal of Business and Educational Leadership* 8, no. 1（Fall 2018）: 101-111.

第七章 买入、卖出抑或持有

1. 以一系列投资的预期价值为基础构建投资组合，显然比直接选择拥有最高预期价值的股票更复杂。但计算预期价值采用的输入变量对构建投资组合构建确实影响重大。参见 Harry M. Markowitz 所著 *Portfolio Selection: Efficient Diversifcation of Investment*（New York: Wiley, 1959）第六章。

2. Daniel Kahneman, *Thinking, Fast and Slow*（New York: Farrar, Straus and Giroux, 2011）, 245-254.

3. Michael J. Mauboussin, Dan Callahan, and Darius Majd, "The Base Rate Book: Integrating the Past to Better Anticipate the Future," *Credit Suisse: Global Financial Strategies*, September 26, 2016.

4. 我们使用"超额收益"这个术语来描述个股收益率超过资本成本部分的差额收益率。在这本书中，我们始终以"超额收益"表示投资组合的业绩超过合理的基准收益率。

5. 假设预期价值为 100 美元，当前股价为 80 美元（相当于预期价值的 80%），股权资本成本为 6%。我们把今天的 100 美元预期价值按 6% 的股权资本成本进行复利计算，可以得到两年后的预期价值为 112.36 美元。如果股价从 80 美元上涨到两年后的 112.36 美元，那么，年收益率为 18.5%。减去股权成本，超额收益为 12.5 个百分点。

6. Richard H. Thaler, "Anomalies: Saving, Fungibility, and Mental Accounts," *Journal of Economic Perspectives* 4, no. 1（Winter 1990）: 193-205.

7. Hersh Shefrin, *Beyond Greed and Fear: Understanding Behavioral Finance and the Psychology of Investing*（Boston: Harvard Business School Press, 2000）, 214-218.

8. Klakow Akepanidtaworn, Rick Di Mascio, Alex Imas, and Lawrence Schmidt, "Selling Fast and Buying Slow: Heuristics and Trading Performance of Institutional Investors," *Working Paper*, February 2021, available at SSRN, https://dx.doi.org/10.2139/ssrn.3301277。

9. Daniel Kahneman and Amos Tversky, "Prospect Theory: An Analysis of Decision Under Risk," *Econometrica* 47, no. 2（March 1979）: 263-291.

10. John W. Payne, Suzanne B. Shu, Elizabeth C. Webb, and Namika Sagara, "Development of an Individual Measure of Loss Aversion,"

Association for Consumer Research Proceedings 43（October 2015）; and Christoph Merkle, "Financial Loss Aversion Illusion," *Review of Finance* 24, no. 2（March 2020）: 381-413.

11. Baba Shiv, George Loewenstein, Antoine Bechara, Hanna Damasio, and Antonio R. Damasio, "Investment Behavior and the Negative Side of Emotion," *Psychological Science* 16, no. 6（June 2005）: 435-439.

12. 这项分析适用于应税投资账户，但不适合 401（k）之类具有递延税收属性的账户。

13. 在撰写本文时，美国联邦针对最高税档征收的长期资本利得税率为 20%。这个税率可能也适用于联邦和州的税收，因此，考虑税收非常重要。

第八章　超越贴现现金流

1. 感谢 Martha Amram 协助我们开发这些技术。

2. 如果读者希望深入了解如何识别实物期权，并对其进行估值，请参见：*Managing Strategic Investment in an Uncertain World*（Boston: Harvard Business School Press, 1999）; and Jonathan Mun, *Real Options Analysis: Tools and Techniques for Valuing Strategic Investments and Decisions with Integrated Risk Management and Advanced Quantitative Decision Analytics*, 3rd ed.（Dublin, CA: Thomson-Shore and ROV Press, 2016）.

3. Nalin Kulatilaka and Alan J. Marcus, "Project Valuation Under Uncertainty: When Does DCF Fail?," *Journal of Applied Corporate Finance* 5, no.3（Fall 1992）: 92-100; and Alexander B. van Putten and Ian MacMillan, "Making Real Options Really Work," *Harvard Business Review* 82, no. 12

（December 2004）：134-141。

4. 选择放弃权利实际上就相当于看跌期权。

5. 股息支付也会影响期权价值。为简单起见，我们在这里仅考虑股息。

6. Richard A. Brealey and Stewart C. Myers, *Principles of Corporate Finance*, 5th ed.（New York: Irwin McGraw Hill, 1996）, appendix 12-13.

7. 欧式看涨期权假设只在期权到期日执行期权。而美式期权则假设，可在期权有效期内的任何时点行权。考虑到不存在股息支付，因此，在这个例子中，欧式看涨期权和美式看涨期权的价值是相同的。

8. 净现值 = $S-X$ = 0，也就是说，S=X。因此，S/X= 1。

9. Steven R. Grenadier, "Option Exercise Games: The Intersection of Real Options and Game Theory," *Journal of Applied Corporate Finance* 13, no. 2（Summer 2000）：99-107.

10. 必须考虑过去的这些投资，尤其是在一家公司正在投资并购或合资企业时，更应如此。大公司对小公司的收购往往不会增加价值，但可能以范围经济形式创造出明显的实物期权价值。请参见：Xiaohui Gao, Jay R. Ritter, and Zhongyan Zhu, "Where Have All the IPOs Gone?" *Journal of Financial and Quantitative Analysis* 48, no.6（December 2013）：1663-1692.

11. 考虑期权的价格及其他四个输入变量。具体可以采用估值公式求解与期权交易价格相对应的波动率。至于如何进行波动率的分析，请参阅 Martha Amram 与 Nalin Kulatilaka 合著的 Real Options 一书。有关使用这两种方法估计当前波动率的过程，请参阅：www.ivolatilty.com。

12. 当公司进入明显不同于核心业务的行业时，就会出现这种情况。

13. 数字日期为 2020 年 9 月。

14. 由于现有业务创造的预期价值金额还不足以解释全部股价，因此，必须人为延长模型采用的价值创造时间，弥补预期价值和市场价格的缺口。

15. Josh Tarasoff and John McCormack, "How to Create Value Without Earnings: The Case of Amazon," *Journal of Applied Corporate Finance* 25, no. 3（Summer 2013）: 39-43.

16. 公司管理层可以通过启发性故事协助员工完成这个过程。请参见：Aswath Damodaran, *Narrative and Numbers: The Value of Stories in Business*（New York: Columbia Business School, 2017）.

17. George Soros, *The Alchemy of Finance: Reading the Mind of the Market*（New York: Wiley, 1994）, 49.

18. 在二级市场的配发中，投资者在公开市场上购买公司发行的新股，从而为公司提供股权融资。在以股票融资的收购中，收购方以发行新股来为交易融资。

19. Sanjeev Bhojraj, "Stock Compensation Expense, Cash Flows, and Inflated Valuations," *Review of Accounting Studies* 25, no. 3（September 2020）: 1078-1097.

第九章　超脱经济版图的价值真谛

1. Feng Gu and Baruch Lev, *The End of Accounting and the Path Forward for Investors and Managers*（Hoboken, NJ: Wiley, 2016）.

2. Sara Castellanos, "Nasdaq Ramps Up Cloud Move," *Wall Street Journal*, September 15, 2020.

3. Paul M. Romer, "Endogenous Technological Change," *Journal of Political Economy* 98, no. 5（1990）: S71-S102.

4. Carl Shapiro and Hal R. Varian, *Information Rules: A Strategic Guide*

to the Network Economy（Boston: Harvard Business School Press, 1999）, 179.

5. 引爆点是一个非常形象生动的术语，它是指某个特定水平的市场份额，一旦公司或技术占有的市场份额达到这个水平，未来继续占有更多市场份额的成本就会降低，从而让这家公司或这项技术在市场上独占鳌头。对既定产品而言，引爆点相当于达到临界销售额，也就是说，它是确保产品取得成功所对应的最低市场份额。如果对产品品种的市场需求较低，且规模经济效应显著，那么，该市场就有可能被这种产品引爆，换句话说，该产品成为市场的唯一主导者。而市场较低需求则意味着，市场接受的是正式标准或者事实标准，而不是某个具体产品。相比之下，在药品等其他知识型行业实施标准化并无多大意义。消费者需要以多元化的解决方案满足医疗保健市场的需求。

6. 投资者需首先确定拥有强烈网络效应的行业。当网络参与者拥有高度的互动性和兼容性时，往往就创造出巨大的网络效应。随后，投资者需要找到最有能力把网络效应优势转化为股东价值的公司。

7. 针对这个话题的详细分析，请参阅：Geoffrey A. Moore, *Crossing the Chasm:Marketing and Selling High-Tech Products to Mainstream Customers*（New York: HarperBusiness, 1991）.

8. Goksin Kavlak, James McNerney, and Jessika Trancik, " Evaluating the Causes of Cost Reduction in Photovoltaic Modules, " Energy Policy 123 （December 2018）: 700-710.

9. Joseph A. DiMasi, Henry G. Grabowski, and Ronald W. Hansen, " Innovation in the Pharmaceutical Industry: New Estimates of R&D Costs, " Journal of Health Economics 47（May 2016）: 20-33.

10. Transcript from O'Reilly Automotive Inc. at Goldman Sachs Retail Conference, September 10, 2020, https://corporate.oreillyauto.com/cmsstatic /

ORLY_Transcript_2020-09-10.pdf.

11. David Besanko, David Dranove, Mark Shanley, and Scott Schaefer,*Economics of Strategy*, 7th ed.（Hoboken, NJ: Wiley, 2017）, 70-73. 这个原理也被称为"赖特定律"（Wright's law）。具体可参见：Béla Nagy, J. Doyne Farmer, Quan M. Bui, and Jessika E. Trancik, "Statistical Basis for Predicting Technological Progress," PLoS ONE 8, no. 2（2013）.

12. Besanko et al., *Economics of Strategy*, 66-67. Also, see Morton A.Meyers, *Happy Accidents: Serendipity in Modern Medical Breakthroughs* (New York: Arcade, 2007）.

13. Kimberly-Clark Investor Presentation. Financial information as of December 31, 2019.

14. Reed Hastings and Erin Meyer, No *Rules Rules*: *Netflix and the Culture of Reinvention*（New York: Penguin Press, 2020）, 4-8; and Netflix financial statements.

15. Ashlee Vance, "A.M.D. to Split into Two Operations,"*New York Times*, October 6, 2008.

16. 回想一下，服务型公司和知识型公司对大部分投资支出进行了费用化，因此，应把与这类投资相关的效率视为成本效率。

17. Marshall Fisher, Vishal Gaur, and Herb Kleinberger, "Curing the Addiction to Growth,"*Harvard Business Review* 95, no. 1（January-February 2017）: 66-74.

第十章　并购交易

1. Bob Haas and Angus Hodgson, "M&A Deal Evaluation: Challenging

Metrics Myths, " *Institute for Mergers, Acquisitions and Alliances, A. T. Kearney*, 2013.

2. 在某些情况下,收购也是公司为获得竞争优势而开展全球化长期战略中的一项措施。因此,真正有助于公司实现预期价值的关键,是公司的整体战略,而不只有并购。在这样的收购中,收购方或许并不指望通过某一笔具体收购创造价值,而是把收购作为执行战略的一种可行方式。因此,收购本身并不是最终目的;相反,它只是提供了一个参与未来价值机会的实物期权。当然,预期投资者也要警惕,某些 CEO 可能会以实物期权给收购失败或支付对价过高寻找借口。有关实现协同效应难点的综合论述,可参见:Mark L. Sirower, *The Synergy Trap*(New York: The Free Press, 1997)。

3. 如果出售方为上市公司,那么,市场价值是确定公司单体价值的最佳依据。对股价因预期被收购而被抬高的公司,市值或许不是反映公司单体价值的理想指标。在当前市场价格中扣除由当前市场价格推导得到的"收购溢价",即为公司的单体价值。

4. 有关陶氏化学公司这次收购的更多信息,请参阅:Michael J. Mauboussin, *ThinkTwice: Harnessing the Power of Counterintuition*(Boston: Harvard Business Press, 2009), 7-8.

5. Scott A. Christofferson, Robert S. McNish, and Diane L. Sias, "Where Mergers Go Wrong," *McKinsey Quarterly*(May 2004): 1-6.

6. 本节改编自:Alfred Rappaport and Mark L. Sirower, "Stock or Cash? The Trade-Offs for Buyers and Sellers in Mergers and Acquisitions," *Harvard Business Review* 77, no. 6(November-December 1999):147-158.

7. Rappaport and Sirower, "Stock or Cash?," 156-158.

8. Peter J. Clark and Roger W. Mills, *Masterminding the Deal:*

Breakthroughs in M&A Strategy and Analysis（London: Kogan Page, 2013）。

9. Tim Loughran and Anand M. Vijh, "Do Long-Term Shareholders Benefit from Corporate Acquisitions?," *Journal of Finance* 52, no. 5（December 1997）: 1765-1790.

10. Pavel G. Savor and Qi Lu, "Do Stock Mergers Create Value for Acquirers?," *Journal of Finance* 64, no. 3（June 2009）: 1061-1097.

11. 并购套利者之所以愿意承担这种风险，是为了赚取股票价格与要约价格的差额。因此，这种折价也被称为套利价差（arbitrage spread）。

12. 虽然市场对合并公告的短期反应可为预测潜在后果提供可靠的晴雨表，但事后看来，市场估值可能会被事实否定。相关研究表明，市场估值就总体而言是公允的。也就是说，在总体上，市场既不会高估也不会低估一笔交易的价值。因此，在确定并购给买卖双方股东带来的价值时，我们可以把投资者的集体判断作为公允价值。换句话说，当时的价格反应就是市场对交易长期影响的最佳估计。参见：Mark L. Sirower and Sumit Sahni, "Avoiding the 'Synergy Trap': Practical Guidance on M&A Decisions for CEOs and Boards," *Journal of Applied Corporate Finance* 18, no. 3（Summer 2006）: 83-95.

第十一章　股票回购

1. 这些计划的资金来自公司内部创造的现金流、资产负债表上的超额现金以及债务发行收入。

2. Alberto Manconi, Urs Peyer, and Theo Vermaelen, "Are Buybacks Good for Long-Term Shareholder Value? Evidence from Buybacks Around the World," *Journal of Financial and Quantitative Analysis* 54, no. 5（October

2019）: 1899-1935.

3. William Lazonick, " Profits Without Prosperity, " *Harvard Business Review* 92, no. 9（September 2014）: 46-55. For a proper response, see Jesse M. Fried and Charles C. Y. Wang, " Are Buybacks Really Shortchanging Investment?, " *Harvard Business Review* 96, no. 2（March-April 2018）:88-95.

4. 正如沃伦·巴菲特在伯克希 - 哈撒韦公司 1984 年年报中所言，"对一家拥有出色业绩和良好财务状况的公司而言，只要发现它的股票市场价格远低于内在价值时，那么，你别无选择，唯有回购才能让股东受益"。请参见：Berkshire Hathaway Inc., Letter to shareholders, 1984, https://www.berkshirehathaway.com/letters/1984.html.

5. Zicheng Lei and Chendi Zhang, " Leveraged Buybacks, " *Journal of Corporate Finance* 39（August 2016）: 242-262.

6. Michael C. Jensen, " Corporate Control and the Politics of Finance, " *Journal of Applied Corporate Finance* 4, no. 2（Summer 1991）: 13-34.

7. Walter I. Boudry, Jarl G. Kallberg, and Crocker H. Liu, " Investment Opportunities and Share Repurchases, " *Journal of Corporate Finance* 23（December 2013）: 23-38; and Mark Mietzner, " Why Do Firms Decide to Stop Their Share Repurchase Programs?, " *Review of Managerial Science* 11, no. 4（October 2017）: 815-855.

8. Ahmet C. Kurt, " Managing EPS and Signaling Undervaluation as a Motivation for Repurchases: The Case of Accelerated Share Repurchases, " *Review of Accounting and Finance* 17, no. 4（November 2018）: 453-481.

9. 公司和投资者经常会错误地把回购"收益率"与财务会计指标联系起来，如市盈率的倒数。这些错误的逻辑是这样的：假设按照市场的一致性预期，公司的每股收益为 1 美元。股票交易价格为 25 美元，因此，市盈率为 25。这样，如果公司每回购 25 美元的 1 股股票，就会取得 1 美元收益，因此，回购的"收益率"为 4%（1/25）。这个逻辑的缺陷在于，收益率是一个由贴现率之外其他变量决定的简化指标，因此，投资者根本就无法在市盈率与股权成本之间建立起可靠的关联性。市盈率考虑的变量包括销售增长率、营业利润率、投资需求以及竞争优势的可持续性。

10. Alfred Rappaport, *Creating Shareholder Value: The New Standard for Business Performance*（New York: The Free Press, 1986）, 96.

11. 再投资机会的范围包括所有收益率高于资本成本的项目。当然，管理层应着重审查收益率相对较低的机会。但有些收益率较低的投资属监管要求，因而是不可避免的，如用于进行环境控制的投资。某些投资的收益率确实缺乏吸引力，但如果考虑不投资的后果，这些投资或许聊胜于无。但是在计算收益率时，应充分考虑其他投资对其他产品或服务带来的收益。

12. Alon Brav, John R. Graham, Campbell R. Harvey, and Roni Michaely, "Payout Policy in the 21st Century," *Journal of Financial Economics* 77, no. 3（September 2015）: 483-527.

13. Manconi, Peyer, and Vermaelen, "Are Buybacks Good for Long-Term Shareholder Value?".

14. 1982 年，美国证券交易委员会颁布《10b-18 号规则》，为公开市场股票回购提供了保障，但前提是公司必须遵守该定规则。1982 年之前，回购股票的公司有可能被指责操纵股价。因为市场形势的变化，这项保障性规则在发布后已经过多次修订更新。

15. See "Frequently Asked Questions Provided by Microsoft Corporation to Employees", at https://www.sec.gov/Archives/edgar/data/789019/

000119312506150261/dex995.htm.

16. Ranjan D'Emello and Pervin K. Shroff, "Equity Undervaluation and Decisions Related to Repurchase Tender Offers: An Empirical Investigation," *Journal of Finance* 55, no. 5（October 2000）: 2399-2424.

17. Theo Vermaelen, "Common Stock Repurchases and Market Signaling," *Journal of Financial Economics* 9, no. 2（June 1981）: 139-183.

18. Jacob Oded and Allen Michel, "Stock Repurchases and the EPS Enhancement Fallacy," *Financial Analysts' Journal* 64, no. 4（July-August 2008）: 62-75.

19. John R. Graham, Campbell R. Harvey, and Shiva Rajgopal, "Value Destruction and Financial Reporting Decisions," *Financial Analysts' Journal* 62, no. 6（November-December 2006）: 27-39.

20. Bruce Dravis, "Dilution, Disclosure, Equity Compensation, and Buybacks," *Business Lawyer* 74, no. 3（Summer 2019）: 631-658.

21. Michael Rapoport and Theo Francis, "Share Buybacks Help Lift Corporate Earnings," *Wall Street Journal*, September 23, 2018.

22. 如假设公司以负债为薪酬计划提供资金，结果没有任何区别。

23. Roni Michaely and Amani Moin, "Disappearing and Reappearing Dividends," SSRN Working Paper, July 2020, https://dx.doi.org/10.2139/ssrn.3067550.

24. 我们的观点仅针对美国，其他国家可能会执行不同的税收政策和税率。

25. 有关更复杂的分析方法请参阅：John R. Graham, "How Big Are the Tax Benefits of Debt?," *Journal of Finance* 55, no. 5（October 2000）: 1901-1941. 正如我们在第二章"注释 11"所指出的那样，并非所有公司的全部

利息费用均符合享受税收减免待遇。根据 2017 年《减税和就业法案》，对销售额超过 2 500 万美元的公司，利息扣除上限为截至 2021 年累计息税折旧及摊销前利润（EBITDA）的 30%。按照 2017 年数据，该政策影响的范围涉及罗素 3000 指数成分股（不包括金融服务和房地产公司）中的 15% 左右。从 2022 年起，利息扣除上限将调整为息税前利润（EBIT）的 30%。根据 2017 年的数据，罗素 3000 指数中约 20% 的成分股（同样不包括金融服务和房地产公司）会受到影响。

第十二章 预期机会的源泉

1. Gary Klein, "Performing a Project Premortem," *Harvard Business Review* 85, no. 9（September 2007）: 18-19.

2. Andrew Mauboussin and Michael J. Mauboussin, "If You Say Something Is 'Likely,' How Likely Do People Think It Is?," *Harvard Business Review Online*, July 3, 2018.

3. Allan H. Murphy and Harald Daan, "Impacts of Feedback and Experience on the Quality of Subjective Probability Forecasts: Comparison of Results from the First and Second Years of the Zierikzee Experiment," *Monthly Weather Review* 112, no. 3（March 1984）: 413-423.

4. Philip E. Tetlock, *Expert Political Judgment: How Good Is It? How Can We Know?*（Princeton, NJ: Princeton University Press, 2005）.

5. Jerold B. Warner, Ross L. Watts, and Karen H. Wruck, "Stock Prices and Top Management Changes," *Journal of Financial Economics* 20（January-March 1988）: 461-492.

6. William Thorndike, *The Outsiders: Eight Unconventional CEOs and*

Their Radically Rational Blueprint for Success（Boston: Harvard Business Review Press, 2012）．

7. Scott Davis, Carter Copeland, and Rob Wertheimer, *Lessons from the Titans: What Companies in the New Economy Can Learn from the Industrial Giants to Drive Sustainable Success*（New York: McGraw Hill, 2020），119-151．

8. Davis, Copeland, and Wertheimer, *Lessons from the Titans*, 1-48．

9. Boris Groysberg, *Chasing Stars: The Myth of Talent and the Portability of Performance*（Princeton, NJ: Princeton University Press, 2010），324-326．

10. Gary Smith, "Stock Splits: *A Reevaluation,*" *Journal of Investing* 28, no. 4（June 2019）: 21-29．

11. Fengyu Li, Mark H. Liu, and Yongdong（Eric）Shia, "Institutional Ownership Around Stock Splits," *Pacifc-Basin Finance Journal* 46（December 2017）: 14-40．

12. Alon Brav, John R. Graham, Campbell R. Harvey, and Roni Michaely, "Payout Policy in the 21st Century," Journal of Financial Economics 77, no. 3（September 2005）: 483-527．

13. Doron Nissim and Amir Ziv, "Dividend Changes and Future Profitability," Journal of Finance 56, no. 6（December 2001）: 2111-2133．

14. Roni Michaely, Stefano Rossi, and Michael Weber, *Signaling Safety*, ECGI Finance Working Paper No. 653/2020, February 2020, https://dx.doi.org/10.2139/ssrn.3064029．

15. Kent Daniel and Sheridan Titman, "Another Look at Market Responses to Tangible and Intangible Information," *Critical Finance Review* 5,

no. 1（May 2016）: 165-175.

16. Michael J. Cooper, Huseyin Gulen, and Michael J. Schill, "Asset Growth and the Cross-Section of Stock Returns," *Journal of Finance* 63, no. 4（August 2008）: 1609-1651. For non-U.S. results, see Akiko Watanabe, Yan Xu, Tong Yao, and Tong Yu, "The Asset Growth Effect: Insights for International Equity Markets," *Journal of Financial Economics* 108, no. 2 （May 2013）: 259-263.

17. Matteo Arena and Stephen Ferris, "A Survey of Litigation in Corporate Finance," Managerial Finance 43, no.1（2017）: 4-18; and Amar Gande and Craig M. Lewis, "Shareholder-Initiated Class Action Lawsuits: Shareholder Wealth Effects and Industry Spillovers," *Journal of Financial and Quantitative Analysis* 44, no. 4（August 2009）: 823-850.

18. Joe Nocera, "BP Is Still Paying for the Deepwater Horizon Spill," *Bloomberg*, February 4, 2020, https://www.bloomberg.com/news/ articles/2020-02 -04/bp-is-still-paying-for-the-deepwater-horizon-spill.

19. George Washington Regulatory Studies Center, "Reg Stats," https:// regulatorystudies.columbian.gwu.edu/reg-stats.

20. Michail Batikas, Stefan Bechtold, Tobias Kretschmer, and Christian Peukert, *European Privacy Law and Global Markets for Data*, CEPR Discussion Paper No. DP14475, March 25, 2020, https://ssrn.com/ abstract=3560282.

21. James M. McTaggart, Peter W. Kontes, and Michael C. Mankins, *The Value Imperative: Managing for Superior Shareholder Returns*（New York: The Free Press, 1994）, 241.

22. Donghum "Don" Lee and Ravi Madhavan, "Divestiture and Firm

Performance: A Meta-Analysis," *Journal of Management* 36, no. 6（November 2010）: 1345-1371.

23. Michael J. Mauboussin, Dan Callahan, David Rones, and Sean Burns, "Managing the Man Overboard Moment: Making an Informed Decision After a Large Price Drop," *Credit Suisse: Global Financial Strategies*, January 15, 2015.

24. 动量表示以前股价变动与收益修正的结合。而估值则反映市场价格与按现金流模型所得到的价值之差。质量评价的是公司投资是否能取得高于资本成本的收益率。相关更多信息，请参阅：Mauboussin, Callahan, Rones, and Burns, "Managing the Man Overboard Moment," 18-19.

25. Michael J. Mauboussin, Dan Callahan, Darius Majd, Greg Williamson, and David Rones, "Celebrating the Summit: Making an Informed Decision After a Large Price Gain," *Credit Suisse: Global Financial Strategies*, January 11, 2016.

资本的游戏

书号	书名	定价	作者
978-7-111-62403-5	货币变局：洞悉国际强势货币交替	69.00	（美）巴里·艾肯格林
978-7-111-39155-5	这次不一样：八百年金融危机史（珍藏版）	59.90	（美）卡门 M. 莱茵哈特 肯尼斯 S. 罗格夫
978-7-111-62630-5	布雷顿森林货币战：美元如何统治世界（典藏版）	69.00	（美）本·斯泰尔
978-7-111-51779-5	金融危机简史：2000年来的投机、狂热与崩溃	49.00	（英）鲍勃·斯瓦卢普
978-7-111-53472-3	货币政治：汇率政策的政治经济学	49.00	（美）杰弗里 A. 弗里登
978-7-111-52984-2	货币放水的尽头：还有什么能拯救停滞的经济	39.00	（英）简世勋
978-7-111-57923-6	欧元危机：共同货币阴影下的欧洲	59.00	（美）约瑟夫 E.斯蒂格利茨
978-7-111-47393-0	巴塞尔之塔：揭秘国际清算银行主导的世界	69.00	（美）亚当·拉伯
978-7-111-53101-2	货币围城	59.00	（美）约翰·莫尔丁 乔纳森·泰珀
978-7-111-49837-7	日美金融战的真相	45.00	（日）久保田勇夫

投 资 与 估 值 丛 书

书号	书名	定价
978-7-111-62862-0	估值：难点、解决方案及相关案例	149.00
978-7-111-57859-8	巴菲特的估值逻辑：20个投资案例深入复盘	59.00
978-7-111-51026-0	估值的艺术：110个解读案例	59.00
978-7-111-62724-1	并购估值：构建和衡量非上市公司价值（原书第3版）	89.00
978-7-111-55204-8	华尔街证券分析：股票分析与公司估值（原书第2版）	79.00
978-7-111-56838-4	无形资产估值：如何发现企业价值洼地	75.00
978-7-111-57253-4	财务报表分析与股票估值	69.00
978-7-111-59270-9	股权估值	99.00
978-7-111-47928-4	估值技术	99.00